Das Medizinrad als Schlüssel zum Glück
Teil 4

Für alle, die im Sommer geboren sind, mir in irgendeiner Weise nahe stehen und geholfen haben, diese Jahreszeit am Medizinrad besser zu verstehen

Rita Kasparek

Das Medizinrad als Schlüssel zum Glück Teil 4

Die Melodie des Sommers

*Bibliografische Information der Deutschen Nationalbibliothek:
Die Deutsche Nationalbibliothek verzeichnet diese Publikation in der Deutschen Nationalbibliografie; detaillierte bibliografische Daten sind im Internet über http://dnb.dnb.de abrufbar.*

*© 2019 Rita Kasparek
Das Buch beinhaltet den leicht veränderten und erweiterten Sommerteil des Buches „Begegne HEUTE deinem Glück", erschienen 12-2011 im Verlagshaus Schlosser, Friedberg*

*Illustration: Rita Kasparek
Bildnachweis:
Umschlagseite „Sommerenergie" ©Michaela Sommerfeld
Herstellung und Verlag: BoD - Books on Demand, Norderstedt*

ISBN 9-783753-477183

Inhaltsverzeichnis

Vorbemerkungen zum vierten Band

Liebe Leserin! Lieber Leser!

Wie schön, dass wir uns (wieder???) hier am Medizinrad begegnen dürfen, einem Ort, wo sich Menschen, Tiere, Pflanzen und alle Wesenheiten zu **einem** großen Kreis versammeln.

Vielleicht hast Du Dich in der Vergangenheit schon mit den Büchern von Sun Bear beschäftigt. Er ist der Vater dieses beeindruckenden Mandalas aus Farben, Formen und Düften, das sich hinter den 36 ringförmig gelegten Steinen verbirgt.

Aber auch wenn Du Dich zum ersten Mal mit den Visionen von Sun Bear auseinandersetzen wirst, bringst Du genügend eigene Vorerfahrung mit, um die Heilsymbolik des Medizinrades in Dir zu erspüren und zu verwirklichen.

Lasst uns jetzt in den warmen Sommermonaten die tiefe Verbindung mit allen Menschen, Tieren und Pflanzen hier auf der Erde sinnenhaft erleben, indem wir uns so oft als möglich draußen in freier Natur aufhalten. So können wir unsere Erfahrungen unmittelbar an Ort und Stelle sammeln.

Falls Du im Sommer geboren bist, werden Dir die anstehenden Arbeitsaufträge besonders leichtfallen, weil Dir der südliche Standort am meisten entspricht.

Wer in einer anderen Jahreszeit zur Welt kam, wird mit Staunen feststellen, wie sich unser Blickwinkel zu öffnen beginnt, um andere Menschen und auch sich selbst besser zu verstehen und die eigene Gefühlswelt zu erweitern.

Jetzt im Sommer speichern wir die Eindrücke, die wir dann im Winter, dem gegenüberliegenden Kreisabschnitt, mühelos abrufen werden, um unsere gegenseitige Ergänzung zu finden und zu vervollkommnen.

Öffnen wir uns jetzt also dem vor uns liegenden Reichtum an Gefühlen, um mit allen Wesen dieser Erde Freundschaft zu schließen!

Praktische Anweisung

Am folgenden Legeplan kannst Du Dich orientieren, falls Dir das Medizinrad noch fremd ist oder auch, wenn Du momentan keine Zeit oder Gelegenheit findest, eines für Dich zu bauen.

Legeplan

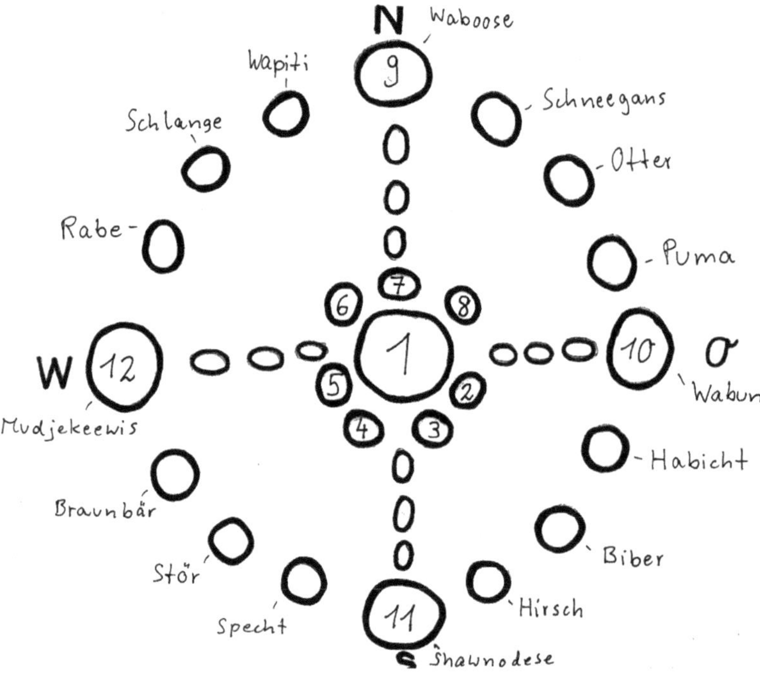

Wenn möglich, legst Du Dir natürlich Dein Medizinrad selber, z. B. mit Steinen oder Muscheln. (s. Literaturverzeichnis Sun Bear, Das Medizinrad Praxisbuch)

- Schreibzeug, Farbstifte und einen besonderen Lieblingsstift
  (z.B. golden)
- ein leeres Schreibheft
- täglich ca. 15 Minuten Zeit am Morgen oder am Vorabend, um das
  Thema den Tag über auf Dich wirken zu lassen

Bearbeite täglich eine Aufgabe, aber nie gegen Deinen erklärten Willen! Unangenehmes darfst Du einfach überspringen, bis irgendwann der richtige Augenblick dafür kommen wird.

Beachte: Immer wenn im Buch die Themen „inneres Kind" oder „Chakren" auftauchen, findest Du im Anhang 1 bei den Chakren-Stationen (ab S. 129) ein nützliches Hilfsmittel, um lösungsorientiert zu handeln.

Falls Du jetzt zum ersten Mal Deine Reise am großen Kreis beginnst, fühlst Du Dich vielleicht noch unsicher. Aber keine Bange: Wer hierher gerufen wurde, dem gibt das Medizinrad auch die nötige Unterstützung, die Zeit, die Erkenntnisse, die Geduld und all die Liebe, um diesen Weg voll GENIESSEN ZU DÜRFEN!

Mit der Wahl dieses Buches hast Du bereits entschieden, das Medizinrad im Sommer kennenzulernen. Das ist praktisch: So kannst Du im Einklang mit der Natur Deine täglichen Schritte tun und fühlst Dich voll eingebunden.
Aber hoppla, falls Du dieses Buch zu einer anderen Jahreszeit liest - auch schön! So kannst Du in Erinnerungen oder Vorahnungen schwelgen.
Lass uns gemeinsam anfangen! Du könntest jetzt einfach eine Zufallsseite aufschlagen.

Am besten beginnst Du natürlich HEUTE

Der Übergang vom Frühling zum Sommer

Schau ein wenig zurück! Was hat sich bei Dir verändert, seit gestern, in den vergangenen Wochen und Monaten?

Bei Habicht, Biber und Hirsch durftest Du einen zauberhaften und wechselhaften Frühling genießen: Vogelgezwitscher, Blütenrausch, dazwischen sogar winterliche Einbrüche mit bangen Aussichten auf eine misslingende Obsternte. Aber mal ehrlich: Wie immer ist alles GUT ausgegangen. Mit jedem länger werdenden Tag stieg die Vorfreude auf den Sommer. Jetzt haben wir den Süden erreicht.

Lass uns noch einmal kurz zum Hirsch zurückschauen! Rufe die innere geistige Ruhe auf, die er Dir zu vermitteln mag: über Dir der blaue Himmel, das Moos unter Deinen Füßen, der Duft des Waldes und die Stille im Herzen. Erlebe den wundervollen Moment, wenn Dein Verstand zum Schweigen kommt! Dies sind die besten Voraussetzungen, den Geist zu heilen und die Willenskräfte zu Deinem Besten und zum Wohle aller auszurichten.

Mit diesen Erfahrungen ausgestattet gehst Du frei und beschwingt zur Mitte des Rades, zum höchsten, heißesten Punkt des Jahres. Es ist Sommersonnwende, die Hälfte ist geschafft. Du bist bestens gerüstet, gemeinsam mit Deinen irdischen Brüdern und Schwestern den Weg des Herzens zu gehen.

**Betreten wir also in liebevoller Erwartung
den Süden des Medizinrades!**

Das Medizinrad im Sommer

Himmelsrichtung: **Süden**

Element: **Wasser**

Geistiger Hüter: **Shawnodese**

Übergeordnetes Thema: **Gefühle, Beziehungen**

Krafttier: **Kojote**

Tageszeit: **Mittag**

Lebenszeit: **junger Erwachsener**

Zugehörige Monate:

Mond der kraftvollen Sonne im Zeichen des Spechtes:
21. Juni – 22. Juli

Mond der reifenden Beeren im Zeichen des Störs:
23. Juli – 22. August

Mond der Ernte im Zeichen des Braunbären:
23. August – 22. September

Energiebild Sommer
©Michaela Sommerfeld

Energiebild Shawnodese
©Michaela Sommerfeld

Kojote
By U.S. Fish & Wildlife Service

Wasser-Element

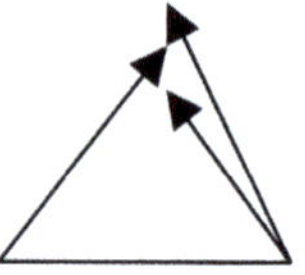

Feuer-Element

Erd-Element

Mond der kraftvollen Sonne

Specht

Schützende Gemeinschaft

Lebensfreude Fürsorge Intuition

Gebende und nehmende Liebe

Allumfassend

Die Lernthemen

Der Sommer ist die Zeit des höchsten Punktes.
Erfahre Dich in der Höhe Deiner Kraft!

Der Sommer ist die Zeit des Zusammenwirkens.
Welches ist Dein Platz in der Gemeinschaft?
Bring Deine Kraft ein, wo sie benötigt wird!

Der Sommer ist die Zeit des Wachstums.
Erweitere Deine Sichtweisen!

Der Sommer ist die Zeit der Festigkeit.
Erfülle jede Deiner Begegnungen mit Deinen Seelenkräften!

Energien des Specht - Mondes Bildtafel 2

Specht

Pixabay: Jarkko Mänty

Wild Rose = Heckenrose

Agrimony = Odermennig

Public Domain: Leo Michels

Seerose

Magnolie

Mammutbaum

Eibe

Pfifferling

CC-BY-SA-3.0 Walter J. Pilsak

Parasol

Steinpilz u. Wiesenchampignon

Albin Schmalfuß

Carneol

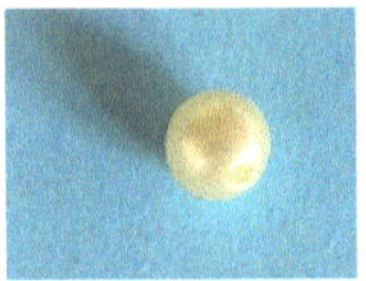

Perle

Am besten gehst Du Schritt für Schritt voran.

Du kannst Dich auch von der Bildtafel inspirieren lassen, wohin es Dich HEUTE zieht.

Solltest Du gerade sehr wenig Zeit erübrigen können, mach wenigstens im ersten Band (s. S. 147 Teil 1 „Innenschau") einen Abstecher zum Klan der Frösche! Hier kannst Du Dich in aller Kürze über das Wasserelement informieren und findest Antworten auf dringliche Fragen.
Danach besuchst Du noch Shawnodese, den Hüter des Südens. Er wird Dir beim Wahrnehmen und Bearbeiten Deiner Gefühle helfen.

Bemerkst Du nach mehreren aufeinanderfolgen Tagen, dass Dir die täglichen Anregungen schwerfallen, schau im dritten Band (Teil 3 „Der Zauber des Frühlings") nach, ob Du geistig noch beim Hirsch festhängst.

Übrigens: Der Odermennig = Bach-Blüte Agrimony erleichtert Dir den Übergang vom Frühling zum Sommer auf sanfte, aber eindrückliche Weise. Wenn Du magst, kannst Du Dir diese Botschaft gleich als erstes in Deinem Arbeitsheft notieren:

Endlich fasse ich Mut, bei mir selbst auf den Punkt zu kommen
und mich meinen Problemen zu stellen.
Die Ehrlichkeit mir selbst gegenüber schenkt mir Ruhe
und lehrt mich, die Sorgen anderer zu verstehen.
Das Leben ist schön inmitten vieler Menschen.

Auf diese Weise gut gerüstet kannst Du Dich frohgemut
auf Deine Sommerreise einlassen!

21. Juni

Von gestern auf heute sind wir nur einen kleinen Schritt gegangen, haben die kürzeste Nacht des Jahres hinter uns gelassen und siehe da, wir befinden uns auf dem Höhepunkt unseres weiten Weges. Der Sommer, den wir schon längst vorausgeahnt haben, beginnt mit all seiner Macht.

Fühle, schmecke, rieche den heutigen Tag mit offenen Sinnen, lausche auf die Vögel und die quakenden Frösche! Setze Dich den Strahlen der Sonne aus und genieße den kühlenden Schatten!

Nachdem wir im Frühjahr zur Einsicht gelangt sind, dass unser Denken nur einen winzigen Bereich des eigentlichen Daseins auszufüllen vermag, dürfen wir nun eintauchen in ein Meer von Gefühlen.

Bitte sammle bis morgen, was für Dich und Dein Leben die Zeit des Sommers bedeutet! Benenne den Punkt, an dem Du so gerne ankommen wolltest! *Was war die Sehnsucht, der Du sechs Monate lang entgegen gehofft hast?*

Wie nach einem langen anstrengenden Aufstieg hast Du heute die Spitze eines hohen Gipfels erklommen. Alles liegt klar und zum Anfassen deutlich vor Deinen Füßen.

Setze Dich einfach in den Schatten, lausche nach innen und fühle mit all den Wesen, die Dir jetzt nahe sind!

Genieße den Sommeranfang mit vollem Herzen!

22. Juni

Hast Du den Sommeranfang so richtig genießen können? Bist Du Deiner tiefen Sehnsucht begegnet?

Stelle schon früh morgens, sobald Du aufgewacht bist, Kontakt mit der Natur her! Öffne die Fenster oder geh kurz in den Garten, um die mit Tau bedeckten Pflanzen, die singenden Vögel zu begrüßen! Wir haben solange auf die warmen Tage gewartet, und so schnell werden sie wieder vorüber sein. Nütze diese kostbaren Augenblicke mit all Deinen Möglichkeiten!

Der vergangene Monat stand stark unter dem Einfluss der geistigen Welten. Erinnere Dich an die Leichtigkeit, das nicht Fassbare, all die Erwartungen des zu Ende gegangenen Frühlings! Du wirst den deutlichen Unterschied spüren.

Jetzt berührt die Hitze des Sommers Dein Herz, lässt den Atem stocken, betäubt Deine Sinne. Der morgendliche Tau ist lebensnotwendig geworden. Wie jedes Lebewesen erfährst Du das tiefe Verlangen nach Wasser, das Dir Kraft gibt für den langen, ereignisreichen Tag.

Trinke heute deine Schlucke sehr aufmerksam und mit Dankbarkeit! Verbinde Dich mit den Erscheinungsformen des Wassers, die Du am meisten liebst: *die Quelle, das Meer, ein Fluss, der fallende Regen ......*

Male Dir dazu passend ein Energiebild im Lernheft, um Dir bewusster zu machen, welch tiefgreifende Veränderung soeben stattgefunden hat! Feiere das Element des Wassers!

Lass Dein Leben voll in Fluss kommen!

23. Juni

Hast Du Dich gestern satt getrunken? Hat Dich die Frische und der Geschmack des Wassers belebt? Bist Du eingetaucht in das kühlende Nass?

Jetzt, wo die Sonne am höchsten Punkt des Himmels steht, befinden wir uns in der Vollkraft unseres Seins. Fühlt sich das nicht herrlich an, Bäume ausreißen zu können?! Alles, was Du erreichen möchtest, ist Dir möglich. Alles ist erlaubt.
Oder hat Dir, wie so oft im Sommer, der Regen die Laune verdorben?
Das Wetter treibt sein Wechselspiel mit uns. Manchmal scheinen wir regelrecht ein Anrecht zu haben auf SCHÖNES Wetter und Sonnenschein. Wir wollen feiern, es uns gut gehen lassen. Wir haben es uns verdient! Selbst wenn die Natur unter der Hitze zu stöhnen beginnt und den Regen bräuchte, wehren wir uns heftig gegen den Umschwung. Eine kleine Abkühlung – ja. Aber bitte kein verregnetes Wochenende, keine verhagelten Pläne!

Du siehst schon, das versprochene Gefühlserlebnis der kommenden Wochen wird eine Achterbahn aus Höhen und Tiefen, aus Lachen und Weinen.
Vorgestern erst hast Du Deine Sehnsucht benannt. Bitte schau heute genau hin: *Wo sitzt Dein tiefster Schmerz? Was geschieht mit Dir, wenn Deine Hoffnung sich nicht erfüllt, wenn sie zu groß war, wenn sie unerreichbar ist?*

Das Medizinrad des Südens steht unter dem mächtigen Schutz von Shawnodese, dem listenreichen Kojoten. Lade ihn heute Nacht ein in Deine Träume, lausche dem Heulen seiner durchdringenden Stimme, bitte ihn um Antwort auf Deine Klagen! Wenn Du morgen früh aufwachst, halte ein wenig inne. Rufe Dir, noch ehe Du den Fuß aus dem Bett setzt, ins Gedächtnis, was Dir Shawnodese mitgeteilt hat!

Einen SCHÖNEN Tag bis morgen!

24. Juni

Du hast Shawnodese begegnen dürfen. Selbst wenn Du Dich an Deine Träume nicht erinnerst, der Kojote war Dir nahe und wird es die kommenden drei Monate auch bleiben.

Energien lassen sich nicht einfach aus- und anschalten, sie wirken auf uns ein. Ob uns das bewusst ist oder passt, spielt keine Rolle. Je mehr Du die Schwingungen aber beobachtest und WAHR-nimmst, desto hilfreicher vermagst Du sie einzusetzen.

Bitte beschäftige Dich bis morgen intensiv mit dem Symboltier des Südens! Sammle alles, was Du über den Kojoten erfahren kannst, betrachte Bilder, erkundige Dich über seine Gewohnheiten und Vorlieben! Lerne seine Lebensräume kennen, versetze Dich in Wüstenregionen, durchstreife die Prärie!

Stelle Dich an den südlichsten Punkt des Medizinrades, an den Platz von Shawnodese, so dass Dein Blick sich nach Norden richtet! Sprich dazu die Heilrune Uruz und verbinde Dich mit dem Ruf des Kojoten: *U U U U U uuaaa uuooo uueee uuiii uruz* !

Schließe nun die Augen und spüre genau hin, ob Du als „Kojote", alleine oder zu zweit das Land durchstreifst! Bist Du der Vereinzelte, der Einsame, vielleicht der Suchende, oder der ewig Treue, der sich mit einem anderen tief verbunden weiß?

Shawnodese kennt auf beides eine Antwort.

Lass Dich berühren von der geheimnisvollen Welt der Wüste!

25. Juni

Hast Du Dich schon mit dem Kojoten angefreundet? Spürst Du, dass er ein Teil Deiner Welt ist? Was beeindruckt Dich an diesem Tier: *Seine Schönheit und Geschmeidigkeit? Seine Schnelligkeit? Seine Durchhaltekraft und Angepasstheit an schwierigste Herausforderungen? Seine schier unermessliche Freiheit?*

Der Lebensraum des Kojoten ist das weite Land. Wenn der Sommer sehr heiß ist, wird uns die Vorstellung von Steppe und Wüste schnell unangenehm. Bei Dauerregen dagegen sehnst Du Dich vielleicht sogar nach den gewaltigen Sanddünen und sonnendurchglühten Flächen.

Hast Du Dich entschlossen, Deine geheimnisvolle Lebensreise alleine zu gehen oder möchtest Du Hand in Hand das riesige Gebiet durchstreifen, das vor Dir liegt?

Im Gegensatz zu vielen anderen Tieren entscheiden sich Kojoten meist für einen festen Partner. Das macht sie uns Menschen sehr ähnlich, zeigt aber auch die Herausforderung, unter extremen Bedingungen nicht mehr neu wählen zu können.

Als Symboltier des Südens erhält Shawnodese, der Kojote, eine sehr weitreichende Bedeutung. Die Indianer sehen in ihm den heiligen Narren, ja sogar den Schöpfer, der die Menschen heimlich in die gewünschte Richtung lenkt, ohne dass sie es merken. So finden Paare zusammen und lernen sich lieben.

Halte heute inne. Bist Du einverstanden mit dem, was da heimlich mit Dir geschehen ist? *Hast Du bereits den richtigen Partner finden dürfen? Bist Du bereit, für immer mit ihm beisammen zu bleiben? Stillt er Deine tiefen Sehnsüchte nach Freiheit und zugleich nach Geborgenheit?*

Ich wünsche Dir einen liebevollen Blick auf Deine(n) jetzige(n) Begleiter(in) oder Deine(n) zukünftige(n) Traum-Frau oder Traum-Mann!

26. Juni

Wie ist Deine Bestandsaufnahme ausgefallen? Bist Du von Herzen glücklich, hast Du genau <u>den</u> Menschen an Deiner Seite, der Dich versteht und Dir immer nahe sein soll?

Oder fühlst Du Dich von Shawnodese betrogen, an der Nase herumgeführt? Und falls es so ist, wessen Werk ist dies wirklich?

Im Frühling bist Du lange genug bei Wabun, dem Steinadler, in die Lehre gegangen, um zu wissen, wo Dein eigener Anteil liegt.
Kein Gott entscheidet über Dein Streben und die Erfüllung Deiner Wünsche. DU SELBER hast Dich so oder so entschieden. DU SELBER entscheidest heute und morgen aufs immer Neue, wie es weitergehen wird.

Bitte notiere nun die Namen der Menschen, die Dir im Leben einmal ganz nahe standen! *Was hat eine Trennung herbeigeführt? Wen hat Dir der Tod entrissen? Hast Du Deinen Schmerz über den Verlust überwunden oder stehst Du mitten im Trauerprozess?*

Empfindest Du vielleicht Wut und Zorn auf diesen Menschen, auf die Umstände, auf das Schicksal?

Der Süden ist der Platz des Medizinrades, wo Deine Fragen gehört werden und Dein Schmerz geheilt werden kann.
Bedanke Dich bei Shawnodese für seine Führung und dann übernimm Deinen Teil der Verantwortung!

Ich wünsche Dir Mut zu einer ehrlichen, warmherzigen Rückschau!

27. Juni

Vielleicht ist Dir die gestrige Aufgabe nicht ganz leichtgefallen. Natürlich steigen mit unserer wachsenden Kraft auch die Anforderungen! Aber wir müssen Probleme ja nicht an einem einzigen Tag lösen. Zumindest weißt Du jetzt, woran Du in nächster Zeit arbeiten musst, Pardon DARFST.

Lass uns nun wieder das Medizinrad befragen, woher wir die benötigte Stärke erhalten können.

Die Indianer nennen den aktuellen Abschnitt des Kreises den Mond der kraftvollen Sonne. Wir haben in der Vergangenheit zur Genüge erlebt, wie es sich anfühlt, wenn Hitze kaum auszuhalten ist. Genauso bedrückend ist das Gefühl der extrem scheinenden Kühle, wenn das Wetter umschlägt und uns der Dauerregen einholt. Heftig scheint in diesen Sommertagen eigentlich alles. Seien es bedrohliche Überschwemmungen, seien es tennisballgroße Hagelkörner oder ein furchteinflößendes Gewitter, die Kraft des Himmels wirkt beängstigend auf uns ein. Gleißende Sonne wirft immer auch tiefe Schatten!

Betrachte heute Deine eigene „Lebens"-Sonne! Je mehr unser Blick sich nach außen wendet, umso weniger können wir die Augen verschließen gegenüber den Menschen, die uns begegnen. Wir sind genötigt, Grenzen zu überschreiten und aus unserer eigenen Abgeschiedenheit herauszutreten. Zuviel an Kraft wird derzeit frei, als dass wir einfach nur bei uns selbst bleiben könnten.

Das Aufleuchten oder aber der „Schatten" DEINER SONNE beeinflusst, wie sich andere in Deiner Gegenwart fühlen.

Bitte zeichne bis morgen Dein Beziehungsnetz auf! Dazu gehören alle Menschen, die Dir nahestehen, mit denen Du Kontakt hältst und die, denen Du täglich begegnest. Ich höre Dich schon stöhnen, dass Du kein solch großes Papier hättest, um all das aufzumalen. Ich weiß!

Genieße Deine Stärke!

28. Juni

Vertiefe Dich in Deine gestrigen Aufzeichnungen! Bist Du nicht selbst überwältigt von der Vielzahl der Namen, die Du gefunden hast?!

Für all diese Menschen, mit denen Du verknüpft bist, stellst Du eine leuchtende Sonne dar. Und Du entscheidest jeden Morgen aufs Neue, wie hell Du für einen jeden leuchten möchtest oder ob Du einen dunklen Schatten auf ihn werfen wirst.

Betrachte den Specht, der im Mond der kraftvollen Sonne regiert! Selbst wenn wir ihn einmal nicht entdecken können in all seiner prächtigen Schönheit, ist er doch unüberhörbar und verkündet seine Anwesenheit so, dass es im ganzen Wald vernehmbar wird.
Genauso kannst auch Du Dich nicht verbergen. Deine Energieströme verbreiten sich nach außen und werden natürlich von anderen wahrgenommen. Das gleichmäßige Klopfen des Spechtes ist der Rhythmus Deines eigenen, lebendigen Herzens.

Bitte suche Dir einen ruhigen geschützten Platz und mache es Dir bequem! Entscheide Dich ganz bewusst für die Sonne oder den kühlen Schatten, triff DEINE Wahl, damit es sich stimmig für Dich anfühlt!

Nun lege Deine Hände auf Dein Herz! Spüre, wie es unermüdlich schlägt! Konzentriere Dich auf den Ruf des Spechtes! Hole seine Kraft in Dein Herz! Fülle Dich an mit der Schönheit dieses wunderbaren Geschöpfes! Wenn Du ganz erfüllt bist von der Kraft dieses Vogels, beobachte, wie die gleichmäßige Schwingung Deines Herzens sich wellenförmig nach außen breitet.....

Sieh lächelnd zu, wie diese reine Energie die Menschen umschmeichelt, die Du gestern beim Namen genannt hast! Lass jeden Einzelnen von ihnen Anteil erhalten an der Botschaft Deines liebenden Herzens!

Ich wünsche Dir einen heiteren, beschwingten Tag bis morgen!

29. Juni

Hörst Du das Trommeln des Spechtes in Deinem eigenen Herzen? Spürst Du den Pulsschlag der Mutter Erde?

Jedes Krafttier des Medizinrades verbindet uns auf einzigartige Weise mit ALLEN Bewohnern unseres Planeten. Der Specht erinnert uns besonders nachdrücklich, ja unüberhörbar, dass wir uns dieser großen Gemeinschaft nicht entziehen können und dürfen.

Gemeinsam bauen die Vögel ihr Nest, gemeinsam ziehen sie ihre Jungen groß.

Wo ist Dein besonderer Platz? Diese Frage hast Du Dir in den vergangenen Tagen bereits mehrmals gestellt. Denke an Dein weitreichendes Beziehungsnetz, das Du gemalt hast!

Es ist uns Menschen angeboren: Wir wollen dazugehören, denn WIR SIND Teil des Großen Ganzen. Und doch gibt es Zeiten, wo wir mit allem uneins sind, uns innerlich wehren und die Welt aus den Fugen gerät.

Der verzweifelte Wunsch nach Veränderung könnte durchaus ein Zeichen dafür sein, dass Du flüchten möchtest, weil Deine Aufgaben gerade so heftig und anstrengend erscheinen. Dann denke an den Specht! Er kann mühelos fliegen, und doch bleibt er da, wo sein Platz ist.

Bitte schaffe Dir für ein paar Minuten einen ruhigen, ungestörten Raum! Lausche auf das Pochen Deines Herzens. Klopfe den Rhythmus Deines Lebens: auf einer Trommel, mit den Fingerknöcheln auf dem Boden, oder wie Du es als Kind gemacht hast, mit einem Löffel auf dem Kochtopf! Die Hauptsache, es bereitet Dir Vergnügen!

Ach übrigens, wenn sich nach einer Weile ein paar Krachmacher dazugesellen wollen, lass sie ruhig mitmachen!

Viel Spaß bei dieser Übung!!!

P.S. Nächste Woche stehen Perle und Carneol an. Schau Dich bitte ein wenig nach diesen Heilsteinen um!

Fühlt es sich nicht herrlich an, im eigenen Rhythmus anzukommen? Das gemeinsame Ziel aller Erdbewohner ist es, dem Pulsschlag der Erde zu folgen und so einem übergeordneten Rhythmus zu dienen, dabei aber immer auch dem eigenen, unverwechselbaren Pulsieren Ausdruck zu verleihen.

Nimm das Beispiel eines Orchesters. Es ist Aufgabe des Dirigenten, die Aufmerksamkeit zu bündeln. Aber nur wenn jeder Musiker seinen eigenen Part übernimmt und dabei sein Bestes gibt, entsteht eine vollkommene Harmonie.

Das Medizinrad verwendet hierfür das Symbol des Frosches. Wir sind dieser besonderen Energieform bereits im Winter bei der Position des Pumas begegnet.

Vielleicht kannst Du heute während eines kleinen Spazierganges Frösche aus nächster Nähe studieren oder wenigstens aus der Ferne ihrem eindrucksvollen Konzert lauschen.

Versetze Dich bei Deiner abendlichen Stilleübung in die aufgerufenen Schwingungen! *Was bedeutet es für Dich, gleichermaßen auf festem Untergrund als auch in der Beweglichkeit des Wassers beheimatet zu sein?*

Jetzt im Sommer beginnen Deine Gefühle Fuß zu fassen und Wurzeln zu schlagen.

Betrachte noch einmal sehr gründlich Dein vor einigen Tagen aufgezeichnetes Beziehungsnetz! *Bei welchen dieser Menschen fühlst Du Dich so sicher und getragen wie ein Frosch auf einem Seerosenblatt? Wem gegenüber kannst Du Dich völlig offen und gelassen zeigen, wem gegenüber bist Du „unverwundbar"? Wo kannst Du aus Herzenslust „quaken", ohne Scheu und ohne Selbstkritik?*

Schicke all diesen besonderen Menschen einen besonderen Segenswunsch!

Einen fröhlichen unbekümmerten „Frösche"-Tag bis morgen!

1.Juli

Macht es Dir inzwischen richtig Spaß, zu trommeln? Und ich hoffe doch, Du bist bei diesem „Konzert" nicht allein geblieben! Mal ganz ehrlich, was wäre denn ein Frosch ohne seine anderen lauten Kumpane!

Die gestrige Aufgabe müsste Dir eigentlich recht leichtgefallen sein. Schließlich ist die einfachste Form des Zusammenlebens ja tatsächlich das Motto: Gleich und Gleich gesellt sich gern. Frösche ähneln sich eben so sehr, dass ihre Bedürfnisse überschaubar sind und wenig voneinander abweichen. Man darf sich verstanden fühlen und bekommt schnell, was man gerade benötigt. Automatisch entfällt die Notwendigkeit, zu kritisieren oder kritisiert zu werden. Wie leicht fällt es da, sich zu öffnen, oder nicht?!

Genießen wir also heute noch einmal diese Schwingung von Leichtigkeit, Schönheit und Freude!

Betrachte einen Teich mit frisch aufgeblühten Seerosen! Kannst Du es hören, wie die Frösche sich hier in ihrem Element fühlen? Bewundere die weit geöffneten herrlichen Blüten! Mache es Dir in Gedanken auf einem der großen Blätter gemütlich und lass Dich auf dem Wasser schaukeln!

Die Essenz der Seerose verrät Dir das ganze Geheimnis:
Je mehr ich mich für die anderen öffne, desto froher kann ich leben.
Ich genieße es, dass ich Teil der menschlichen Gemeinschaft sein darf.

Notiere Dir diese Botschaft im Lernheft und ergänze sie an einem verregneten Sommertag mit einem wunderschönen passenden Bild!

Ich wünsche Dir ein weit geöffnetes Herz für all die Freude, die uns derzeit geschenkt wird!

2. Juli

Hast Du schon eine Runde auf Deinem „Seerosen-Blatt" gedreht? Fühlst Du Dich wohl „inmitten der anderen"?

Sicher hast Du beim Aufschreiben der gestrigen Pflanzenbotschaft gemerkt, dass wir unser Hauptaugenmerk auf unser eigenes Verhalten zu legen haben. DU und ICH sind es, die sich da FÜR DIE ANDEREN öffnen dürfen! Das Geschenk, nämlich die dadurch entstehende Gemeinschaft, folgt dann auf dem Fuße.

Macht uns das jetzt die Sache leichter oder schwerer? Auf jeden Fall gibt es uns ein großes Stück weit an Verantwortung zurück und wieder einmal hat uns Shawnodese überlistet!

Verfolgen wir gemeinsam Schritt für Schritt den Vorgang des Sich Öffnens! Beobachte am frühen Morgen das Aufbrechen der kleinen Blütengesichter, die sich über Nacht zum Schutz verschlossen hatten oder am Abend das „Anknipsen" der Nachtkerzen!

Knospen lassen sich niemals gewaltsam öffnen. Sei also genauso sanft und rücksichtsvoll mit Dir selbst, was Deine eigenen Fortschritte angeht!

Erinnere Dich an Deine frühe Kindheit! *Warst Du eines dieser kleinen Angsthasen, die sich unter dem Tisch verkrochen haben, wenn fremder Besuch kam? Hast Du Dich in der Schule überfordert gefühlt, vor der ganzen Klasse zu rechnen oder ein Gedicht vorzutragen?* Ich hoffe sehr, dass Du damals verständnisvoll behandelt worden bist und irgendwann ohne Drängen zu der Dir eigenen Stärke finden durftest. Falls nicht, lass Dich noch ein Weilchen von den „Fröschen" begleiten und bleibe solange im geschützten Teich, bis Dich die Libellen von allein herauslocken, um Dich FREIWILLIG am munteren Spiel der anderen zu beteiligen!

Schreibe Deinem kleinen „inneren Kind" im Lernheft einen aufmunternden Brief!

Liebe(r) ....! Du gehörst zu uns! Wir warten auf Dich! Nimm Dir alle Zeit, die Du brauchst!

Liebevolle Grüße an Dich und „Dein Kleines"!

3. Juli

Wahrscheinlich sind eine Menge alter Erinnerungen in Dir aufgestiegen. Bevor Du Dich noch tiefer auf Deine Vergangenheit besinnst, solltest Du Dich zuerst intensiv mit Deiner gegenwärtigen Lebenssituation auseinandersetzen!

Jetzt, wo Du erwachsen bist, kannst Du Dir leichter Rechenschaft ablegen, WIE, WANN, WARUM Du Dich für genau dieses Umfeld und genau diese Menschen entschieden hast, mit denen Du heute zusammenlebst.

Bitte zeichne eine aktuelle Aufstellung Deiner Gegenwartsfamilie: *Partner, Kinder, zu pflegende Angehörige ... ! Wo genau auf Deinem Bild ist Dein Platz? Wem stehst Du innerlich besonders nahe? Wer verstellt Dir die Sicht?*

Du kannst Deine Aufzeichnung mit kleinen Spielfiguren, Steinen oder Kissen nachbauen und nach Herzenslust verschieben, bis sich das Ganze GUT anfühlt! Vielleicht möchtest Du ja auch (wieder einmal) an einer richtigen Familienaufstellung teilnehmen. Die sommerliche Energie unterstützt Dein Vorhaben!

Am Medizinrad gewährt uns die Specht-Position eine besonders klare Sicht auf die Menschen, die unser Leben beeinflussen.

Lies Dir bitte noch einmal die Botschaft der Seerose vor, mit lauter kräftiger Stimme! Dann schließe die Augen und frage Dich: Genieße ich die Gemeinschaft mit dieser meiner Familie? Erfreue ich mich an ihrer Nähe? Habe ich mich für einen jeden von ihnen bereits wirklich geöffnet?

Sei GUT begleitet am heutigen Tag!

4. Juli

Wie ist Deine Bestandsaufnahme ausgefallen? Erhältst Du jeden Tag das kleine Quäntchen an Geborgenheit und Streicheleinheiten, das Du zum Überleben brauchst?

Hast Du damals, als Du Dich für Deine derzeitige Familiensituation entschieden hast, die richtigen Weichen gestellt, um HEUTE glücklich zu sein? Oder fühlst Du Dich elend, während Du dies liest?

Ich weiß schon, es klingt grausam, was ich da sage. Sollst Du jetzt auch noch schuldig gesprochen werden für alles, was in Deinem Leben schief läuft?
Hat nicht Shawnodese, der Hinterlistige, heimlich die Fäden, um nicht gleich zu sagen, die Fallstricke gespannt, die uns in die Grube stolpern lassen???

Nun ja, wo liegt Dein eigener Anteil? Die Seerose sprach davon, wir sollten uns für die anderen öffnen. Schenke - und Du wirst etwas zurückerhalten?

Wenn das bloß immer so einfach wäre! Macht haben wir nur über uns selbst, wir können die anderen Menschen nicht verändern.

Aber schon bei uns selber fängt ja das Problem an. Wie kann ich mich öffnen, wenn ich mich nicht genügend geschützt fühle? Wie kann ich mein Innerstes zeigen, wenn ich quasi im feindlichen Lager sitze?

Schau, dies ist der richtige Zeitpunkt, um nach hinten zu sehen, zurück in die Vergangenheit. Denn damals, in Deiner Kindheit sind alle die Feindbilder gewoben worden, die Dir heute zum Fallstrick werden.

Bevor Du gedanklich zurückgehst, hole Dir Hilfe bei den Pflanzenwesen! Sicher findest Du in Deinem oder im Nachbarsgarten einen Strauch frisch aufgeblühter Rosen. Geh hin und atme tief den Duft der zarten Blüten, sauge Dich ganz voll, bis Dich das Wesen der Rose ganz und gar durchdringt!

In dieser heiteren Stimmung wirst Du heute in der Kühle des Abends Deine ältesten Fotoalben durchblättern. Falls Du keine Kinderbilder von Dir besitzt, kannst Du in Anhang 1 (ab S. 129) bei den Chakren den kleinen Knirps auswählen, der am besten zu Dir passt.

Nimm dieses kleine Kind IN DEIN HERZ!

Eine GUTE Nacht! Ich wünsche Dir sanfte, heitere Träume!

5. Juli

Erinnerst Du Dich ein wenig „an früher"? Sind schöne, liebevolle Bilder in Dir wach geworden? Kannst Du jede dieser Erinnerungen von ganzem Herzen genießen?

Wahrscheinlich hat der Fluss Deiner Gefühle auch einiges an Schmerz und Trauer hochgespült. Heiße einfach alles willkommen! Die Hauptsache ist doch, wieder spüren zu dürfen. Die Zeit, wo alles zugefroren war, ist längst vorüber, es sei denn, Du sehnst Dich nach Eis und Schnee und willst den Sommer verpennen. Und dies wäre nun wirklich höchstpersönlich DEINE Entscheidung!

„Aber es tut so weh!" Ich weiß!

Keine Sorge, wir werden es sanft angehen, zart wie die Blütenblätter der Rosen und im starken Schutz ihrer Dornen.

Schließlich haben wir den ganzen Sommer lang Zeit, um die alten Verletzungen auszuheilen.

Heute jedenfalls wird es nicht schmerzen! Dein kleines Kind, dem Du gestern begegnet bist, setzt nun seine rosarote Brille auf. Sieh Dich um! Lauter nette, wohlmeinende Menschen!!! Notfalls darfst Du mogeln, wozu hätte man seine Schönfärberbrille denn sonst?!

Suche Dir ein ruhiges, gemütliches Fleckchen in der Natur und lausche eine Weile auf die Geräusche: das Summen der Bienen, das Plätschern eines Brunnens, das Gezwitscher der Vögel, den Ruf des Kuckucks!

Wenn Du Dich ganz eingebunden fühlst, öffne Dein Herz für den Traum Deiner Kindheit!

Begegne all den lieben, netten, wohlmeinenden Menschen, die Dir damals das Leben verzaubert haben: *Waren es Mama oder Papa, eines Deiner Großeltern, Onkel oder Tante, eine Freundin der Familie, ein wohlmeinender Nachbar, eine Cousine?* Lass nichts aus in Deiner Erinnerung, was Dir Freude und Glück geschenkt hat!

Einen wunderschönen Tag bis morgen!

6. Juli

Bist Du den vielen liebenswerten Menschen begegnet, die Deine Kindheit reicher und fröhlicher gemacht haben?

Selbst wenn sich wieder einmal schmerzhafte Begebenheiten in den Vordergrund schieben wollen, es gab sie ganz gewiss, die glücklichen Tage! Denn ohne feste Bezugspersonen ist auf Dauer kein Kind überlebensfähig. Irgendjemand war für Dich da und hat Dich vor dem Absturz bewahrt!

Leider vergessen wir die GUTEN Dinge allzu schnell. Aber in entspannter Atmosphäre, wenn wir uns genügend geschützt fühlen und so wie gestern der Natur lauschen, anstatt vor unseren inneren Alarmsirenen auf der Lauer zu liegen, finden wir den Zugang zu unserem Vorrat an Fröhlichkeit und Freiheit, der kleinen Kindern so selbstverständlich scheint.

Das Symbol der Heckenrose schenkt uns beides: den nötigen Schutz und den Duft der Leichtigkeit! Gerade wenn Du Dich trostbedürftig und verlassen fühlst, wenn Du „den Geschmack" am Leben zu verlieren drohst, helfen Dir ein bis zwei Tropfen naturreines Rosenöl, etwas Creme oder ein Badezusatz schneller aus dem Tief. Über einen längeren Zeitraum angewandt wäre natürlich die Bach-Blüten-Essenz Wild Rose besonders hilfreich.

Bitte gehe heute noch einmal auf Rosensuche und erfreue Dich an den köstlichen Blüten!

Dann notiere in Deinem Lernheft die Information von Wild Rose:

Endlich spüre ich wieder Lebensfreude und entscheide mich dafür,
ein schönes, sinnenfrohes und kreatives Leben zu führen.
Ich fühle mich im Kreis meiner Familie/ meiner Freunde
gut geborgen und geschützt.
So fällt es mir leicht, Liebe zu empfangen und zu verschenken.

Ich wünsche Dir einen heiteren, beschwingten Tag!

7. Juli

Warst Du bereit, die Gaben der Rose mit all Deinen Sinnen in Dich aufzunehmen? Denke auch an ihre herrlichen Blüten, wenn Du im Spätsommer die Hagebutten erntest und Dir den köstlichen Tee bereitest. Je mehr Du Dir die gefühlvolle Botschaft der Rose bewusst machst, um so selbstverständlicher wirst Du auch körperlich in ein gutes Gleichgewicht kommen.

Wenn Du so richtig in einem Rundum-Wohlgefühl angekommen bist, wird es Zeit für uns, einen Schritt weiterzugehen. Betrachte, wie sich in der Natur alles unaufhaltsam verändert! Kirschen haben sich tiefrot eingefärbt und hängen zur Ernte bereit, Erdbeeren und Johannisbeeren sind pflückreif geworden. Doch ohne das Zusammenspiel von Sonne, Regen, Erde wäre dies nicht möglich gewesen. Und so manche Früchte hat es ganz verregnet oder verhagelt.

So können auch wir nicht einfach weiter in den angenehmen Kindheitserinnerungen baden, ohne ein bisschen genauer hinzusehen. Denn wenn damals wirklich immer alles eitel Sonnenschein war, kämen dann zwischenmenschliche Probleme einfach aus heiterem Himmel? Welche Faktoren spielen eine Rolle, wenn Beziehungen schief laufen, Nachbarn sich streiten, Geschwister sich Vorwürfe machen?

Um den Mut aufzubringen, dieses Mal die Vergangenheit ganz ohne Filter zu betrachten, solltest Du Dich von den Heilsteinen unterstützen lassen! Vielleicht besitzt Du von den Übungstagen der Habicht-Position noch einen Carneol, oder Du hast ihn zumindest letzte Woche einmal genauer betrachtet. Lass Dich von seiner orangeroten Farbe in eine gute Balance bringen, damit Dich die Herausforderung der anstehenden Übung nicht aus dem inneren Gleichgewicht bringt!

Lege heute Abend vor dem Einschlafen den Carneol auf Dein zweites Chakra auf (zumindest in Deiner Vorstellung)! Erinnere Dich an die Zeit, als Du noch ganz klein warst! Sobald Du ein deutliches Bild vor Augen hast, kannst Du den Carneol unter Dein Kopfkissen schieben.

Ich wünsche Dir eine GUTE, ruhige Nacht!

8. Juli

Hast Du eine schöne Nacht gehabt, bist Du vielleicht sogar Deinem „inneren Kind" begegnet? Fühlst Du, wie der Carneol Deinen Mut gestärkt hat, heute in die Vergangenheit zurückzublicken?

Suche Dir für die anstehende Übung ein ruhiges, ungestörtes Plätzchen und halte den Carneol bereit! Er stärkt Dein zweites Chakra, damit Du GUTE Außenschau halten kannst.

Umgebe Dich in Gedanken mit einer dichten, blühenden Rosenhecke, um Deinem inneren Kind genügend Schutz zu gewähren! Rufe das Kleine beim frühesten Kosenamen, den Du erinnern kannst! Versichere dem erscheinenden „inneren Kind", dass Du gut aufpassen wirst! Und nun lass der Reihe nach jede Person Deiner Kindheit erscheinen, die Dir in den Sinn kommt!

Ihr beide betrachtet ganz gelassen und unvoreingenommen, wer sich alles zeigt. Begrüßt jeden freundlich, aber mit dem gebührenden Abstand! Ihr zwei wollt nur beobachten und wissen, mehr nicht! Registriere aufmerksam, welche Personen ein frohes, GUTES Gefühl in Dir hervorrufen! Vermerke im Stillen, wenn Dir jemand Angst macht, wenn Du Hilflosigkeit oder Wut spürst! Bleibe ganz ruhig! Rosenhecke und Carneol haben eine unsichtbare Grenzlinie um Dich gezogen. Diese Schranke kann keine/r überschreiten. Notfalls sendet Dein Heilstein orangefarbene Blitze aus!

So kehrst Du erfrischt und wohlbehalten aus dieser Übung zurück ins Hier und Jetzt! Verabschiede Dich liebevoll von Deinem „inneren Kind" und behalte es in Deinem Herzen!

Bitte den Engel Camael, Deine Vergangenheit und die Menschen, die Dir Schmerz bereitet haben, zu segnen! Er möge Dich gut begleiten und unterstützen, v.a. bei Deiner Begegnung mit Menschen, die es Dir heute „schwer machen"!

Sei gut behütet! Ich wünsche Dir Gelassenheit!

9. Juli

Zugegeben, gestern war es nicht ganz einfach für uns! Aber so, wie die Apfel- Birnen- und Zwetschgenbäume dicht bepackt sind mit prallen, grünen Früchtchen, die eifrig vor sich hin wachsen, wollen doch auch wir unsere Persönlichkeit von Tag zu Tag reifen lassen.

Alles, was Dir bei Deiner Reise in die Vergangenheit bewusst wurde, darfst Du der „Schneegans" übergeben, die uns ja im Medizinrad genau gegenübersteht. Ein halbes Jahr lang haben wir jetzt geübt, voranzuschreiten, ohne festzuhalten. Lass los, was Dich einmal so sehr verletzt hat!

Das ist keine leichte Anweisung. Denn ganz automatisch speichert unser Gehirn, sozusagen aus Sicherheitsgründen, alle schlimmen Erfahrungen ab, um künftig schnell reagieren zu können. Deshalb fahren wir augenblicklich alle Alarmantennen aus, wenn irgendein Signal im Äußeren uns an bestimmte Menschen oder Situationen erinnert. Schon kleine Ähnlichkeiten genügen!

Notiere Dir also im Lernheft alle Warnsignale, die Dir mittlerweile bewusst geworden sind: *die Namen von Menschen, die Dich verletzt oder im Stich gelassen haben, als Du klein warst; beängstigende Situationen, Orte, Gegenstände; erinnerte Gerüche, Geräusche, Farben, die Dir die Seelenruhe geraubt haben .....*

Überprüfe immer, wenn Dich HEUTE etwas erschreckt, verärgert, anekelt, zur Verzweiflung treibt, ob Dir gerade ein Signal aus der VERGANGENHEIT einen Streich spielen möchte!

Dann bitte die Schneegans, den alten Schmerz auf ihren reinen, weißen Flügeln zurückzutragen! Du aber BLEIBE HIER, in diesem schönen sonnendurchfluteten JETZT und lausche dem Klopfen des Spechtes! Sicher, er wird immer wieder fündig werden, während er mit seinem starken Schnabel in die morschen Baumstümpfe hämmert. Aber seine Lebensfreude ist unüberhörbar!

Du bist Teil dieser wunderbaren, funktionierenden Natur! Fühle Dich eingebunden und an einem GUTEN Platz!

10. Juli

Du hast einen großen, tapferen Schritt geschafft! Von nun an kannst Du Dein inneres Kind jederzeit wieder zu Dir einladen, wenn es Trost und Hilfe braucht.

Denke daran, oft macht uns die Begegnung mit einem unbeteiligten Menschen nur deshalb Probleme, weil er uns an etwas längst Vergangenes erinnert! Gib jedem die Chance, ihm UNVOREINGENOMMEN gegenüberzutreten!

Das erweitert ganz enorm den Radius Deiner Sichtweisen. Auf einmal gibt es eine ganze Menge möglicherweise netter Leute. Lass Dich überraschen!

Damit Dir das noch leichter fällt, nimm heute bitte eine Perle zur Hand! Oder erinnere Dich an einen lieben Menschen, den Du schon mal mit einer Perlenkette gesehen hast, vielleicht eine Tante, Deine Oma, eine Freundin.

Betrachte den seidig glänzenden Schimmer, lenke Deine Gedanken hin zum Meer, in dem dieses einzigartige Wunderwerk inmitten einer Muschel gewachsen ist!

Umgeben vom reinigenden Element des Wassers schwimmst Du vollkommen geschützt im Rhythmus des Lebens.

Stell Dir vor, wie Dein inneres Kind als kleines unschuldiges Baby in seiner ganzen Vollkommenheit hier Raum gefunden hat, um heranzuwachsen!

Lege jetzt die Perle auf Dein drittes Chakra und spüre, wie ihre sanfte Kraft Dein Sonnengeflecht durchflutet! Lass es zu, wenn die Tränen fließen wollen, gib Dich ganz dem Prozess der Auflösung und Entwirrung Deiner alten Probleme hin!

Du fühlst Dich leicht und sicher, Du wirst Dir Deiner inneren Macht bewusst. Du erfährst das ungebremste Anwachsen Deiner Möglichkeiten. Von heute an wirst Du den Gespenstern der Vergangenheit anders gegenübertreten. Denn Du bist stark, Du bist fest.

Erlebe diesen Tag in seinen hell schimmernden Farben!

11. Juli

Hat Dich die Perle gestern innerlich „berührt", fühlst Du Dich von ihr verstanden? Wie sehr möchtest Du geliebt werden! Doch mal ehrlich: Hast Du bisher daran geglaubt, es WERT zu sein?

So wie diese Perle im Meer entstanden ist, zur Überraschung und Freude der Menschen, kannst Du in Dir ein neues Bild Deiner Selbst erschaffen, zur Bereicherung des Großen Ganzen. Nichts ist verzichtbar, nichts unnütz! Stelle Dich DEINER Aufgabe! Wenn Du nichts mehr zu verbergen hast, kannst Du Dich ZEIGEN! Begegne den anderen aufrecht und mutig! Die Perle hilft Dir, erhobenen Hauptes jedem entgegenzutreten, der Dir Angst einflößt. Denke daran, es sind die alten Muster, die uns von den Mitmenschen trennen, nicht die Menschen selbst!

Hole Dir heute noch eine zusätzliche Bestätigung aus dem Pflanzenreich! Sicher erinnerst Du Dich an die prachtvollen Magnolien, die im Frühling so eindrucksvoll geblüht haben. Jetzt sind ihre Bäume grün belaubt und wirken eher unscheinbar. Doch ihre Seelenblüten hatten tief in Dir genügend Zeit, heranzureifen und aufzubrechen.

Bitte notiere Dir die Information der Magnolie im Lernheft:
Ich lerne Situationen, andere Menschen und auch mich selbst
aus einer völlig neuen Warte zu sehen.
Mich so wahrzunehmen, wie ich wirklich bin,
schenkt mir Frieden und Wachheit.
Zum ersten Mal fühle ich mich richtig lebendig.

Genieße das Bewusstsein Deiner Stärke und Unverzichtbarkeit!

12. Juli

Hast Du gestern ein Bild der Magnolie bewundern können? Wie gefällt sie Dir am besten: weiß, zart rosa oder eher rot gefärbt? Ist Dir die Größe der Blüten angenehm oder erschreckt Dich ihre Auffälligkeit ein wenig?

In der Zeit des Spechtes ist es nicht ganz leicht, Position zu beziehen. Sobald uns etwas anzieht oder verführerisch vorkommt, meldet sich gleich wieder ein innerer Widerstand: *„Pass bloß auf! Sei vorsichtig!"*

Gut so, unser inneres Kind ist eben aktiv bei der Sache und sorgt sich um sein Wohlbefinden. Das darf es gerne. Und daneben verfügst Du über den starken „Magnolien"-Anteil, der Dir dazu verhilft, Deine erwachsene, kompetente Seite auf den Plan zu rufen.

Vielleicht hast Du bisher in Deinem Leben manchmal Vorteil daraus gezogen, eine schwache, ängstliche Rolle zu übernehmen. Aber nun hast Du schon so viel an Kraft und Mut erworben, dass Du bereit bist, NEUES LAND zu erobern.

Deine Aufgabe bis morgen wird sein, Deine Mitmenschen aufmerksam zu beobachten. *Wer ist Dir auf Anhieb ähnlich, wer ein Vorbild für Dich? Wie möchtest Du unter gar keinen Umständen sein? Fühlst Du Dich an Menschen erinnert, die Dir besonders nahestehen?*

Notiere heute Abend Deine Erkenntnisse im Lernheft! Beziehe dabei auch Deine Familienmitglieder mit ein!
Am meisten ähnlich sind mir ....
Meine größten Vorbilder sind ....
Ich möchte auf keinen Fall so sein wie ....

Ich wünsche Dir Mut und Spaß beim genauen Hinsehen!

13. Juli

Hast Du alles ehrlich aufgeschrieben? Schau Deine Aufstellung an! Spalte 1 enthält Menschen, denen Du Dich innerlich verwandt fühlst. In der zweiten Spalte hast Du Dich gedanklich mit der Zukunft beschäftigt, denn so wie Deine Vorbilder möchtest Du selbst auch gern mal sein. In der Spalte des „Auf keinen Fall!" bist Du schwuppdiwupps in der Vergangenheit gelandet. Warum sonst solltest Du jemanden ablehnen? Vielleicht kennst Du ihn nicht mal genau! In jedem Fall ERINNERT er Dich an irgendwelche äußerst unangenehmen Begebenheiten.

Du siehst, was wir so eifrig in der Hirsch-Position geübt haben, nämlich unseren Verstand zu beherrschen, gelingt nur bei ständiger Hingabe an die GEGENWART. Ein kleines Signal, eine winzige Übereinstimmung, sogar ein hinterlistig gestellter Übungsauftrag genügen, und schon tappen wir in die bekannte Gedankenfalle.

„Wie aber komme ich da wieder raus?", wirst Du fragen. Unser Intellekt ist bekanntlich schwer zu greifen. Dafür begegnen wir in diesem Monat besonders intensiv unseren Gefühlen. Und die sind herrliche Anzeiger dafür, ob wir uns im HIER UND JETZT befinden.

Erfährst Du Frieden, Ruhe, Liebe, ist alles in bester Ordnung. Melden sich dagegen all die heftigen Emotionen, die uns aus dem Gleichgewicht bringen, hat Dich Dein Verstand wieder mal vom Weg abgebracht.

Da unsere Mitmenschen uns selten „kalt lassen", dürfen wir ihnen von Herzen danken für die vielfältigen Chancen, die sie uns auf dem Weg zur Erleuchtung anbieten.

Beobachte bitte heute genau, mit welchen Empfindungen Du auf Deine Umwelt reagierst!
Sind es heftige Emotionen wie Angst, Wut, Verzweiflung?
Beschleichen Dich Überdruss und Langeweile?
Fühlst Du Dich in einem Sog der Abhängigkeit gefangen, wie ihn z. B. Verliebtheit und heimliche Beziehungen hervorrufen?

Ich wünsche Dir viele aufschlussreiche Begegnungen!

14. Juli

Hast Du bemerkt, wie leicht Dich Deine Mitmenschen aus dem Gleichgewicht bringen? Dabei ist es fast egal, ob wir die hervorgerufenen Emotionen als unangenehm oder wie bei der Verliebtheit sogar als wunderbar und stimulierend empfinden.

Die entscheidende Frage lautet: *Befinde ich mich im Zustand von Bewusstheit, oder habe ich mich gedanklich in die Vergangenheit oder in die Zukunft verirrt?*

Du merkst schon, es ist nicht leicht, wiederum aber sehr EINFACH ! Anstatt denen Vorwürfe zu machen, die uns derart „verwirren", dürfen wir ihnen von Herzen dankbar sein! Sie sind unsere größten Helfer auf dem Weg zum inneren Frieden. Denn sie führen uns zur Be-SINN-ung.

Sobald Du auf Deine Umwelt in irgendeiner Weise reagierst, halte inne! Spüre Deinem Gefühl nach, fahnde nach dem Gedanken, der diese Emotion wachgerufen hat und dann KEHRE INS JETZT ZURÜCK!

Denn das Festhalten an Vergangenem verlängert nur Dein altes Leid. Das Warten auf die Zukunft lenkt Dich bloß ab oder erzeugt unnötige Sorgen.
Einzig und allein die Gegenwart ist WIRKLICH! Nur im JETZT kannst Du handeln.

Das wollen wir heute üben. Als Unterstützung und Mutmacher wählen wir uns einen der größten Bäume: den Mammutbaum. Betrachte sein Bild, besser noch, besuche ihn in einem Park oder Botanischen Garten! Seine Information an uns lautet:
Ich befreie mich aus eingefahrenen Geleisen
und verabschiede mich von alten Gewohnheiten.
So erfahre ich Zugang zu neuen, lebensspendenden Möglichkeiten.

Lass das Alte! Ich wünsche Dir Schwung für Deinen NEUEN WEG!

15. Juli

Hast Du Dir beim Mammutbaum genügend Kraft geholt für Deine zwischenmenschlichen Begegnungen?

Ab jetzt gilt die alte Ausrede nicht mehr, dass ja ein anderer schuld sei und angefangen hat. Denn es gibt eben nur einen einzigen VER-ANTWORT-LICHEN, der über die Gefühle herrscht: das eigene ICH! Wohlgemerkt, es geht hier niemals um Schuld, es geht um die Frage: *Fühle ich mich gut dabei?* Und darüber entscheidest alleine DU!

Dazu benötigen wir Kraft, doch welcher Art ist sie? Beobachte den Specht! Er hämmert kraftvoll – und blitzschnell! Dazu braucht er ein Höchstmaß an Beweglichkeit! Darum also geht es! Lass Altes los und tauche im selben Moment kraftvoll ein IN DIE GEGENWART! Dies ist der Pulsschlag des Lebens, der uns alle verbindet!!

Mache Dich beweglich in Deinen Sichtweisen! Jeder Mensch, der uns begegnet, spiegelt uns einen eigenen inneren Anteil. Um das zu akzeptieren, braucht es schon eine tüchtige Prise Humor, die wir von Shawnodese, dem Listigen, auch sofort lächelnd serviert bekommen.

Setze heute also Dein kleines verschmitztes Lächeln auf, wenn Du Dich auf eine neugierige Erfahrungstour einlässt. Schau hinter die Kulissen! Je mehr Dich jemand ärgert oder abstößt, um so besser! Registriere, vergleiche, und nimm es mit Humor! Wieder mal ein „Verwandter"! Du musst ihm nicht mal zeigen, wie dankbar Du ihm bist für die Erkenntnis, die er Dir schenkt. Es genügt schon, wenn Du Dich überhaupt auf dieses Abenteuer einlässt.

Denk an den Specht! Du selber magst keine Würmer und Maden, aber WIE er da hämmert, ist doch einfach beeindruckend, oder etwa nicht?!

Also viel Spaß bei Deiner Aufgabe! Lass locker!!

16. Juli

Und, war es gestern lustig? Oder ist Dir vielleicht irgendwann das Lachen vergangen?

Zugegeben, ich kenne das, wenn wir an die Grenze unseres Vorstellungsvermögens stoßen. Manche Leute wirken derart unangenehm auf uns, dass von Verwandtschaft wirklich keine Spur zu sein scheint!

Stell Dich bitte mit mir an den Rand des Medizinrades! Betrachte die Positionen, die wir bisher durchlaufen haben! Nicht überall herrscht eitel Sonnenschein. Da gab es Stürme, Eis und Hagelschläge, Überschwemmungen und Dürrephasen. Nicht jede Heilpflanze auf unserem Weg hat uns gemundet, so manches war bitter oder hat auf der Zunge gebrannt. Auch hat Dir bestimmt nicht jedes Tier auf Anhieb gefallen.

Aber jetzt mal ganz ehrlich: Konntest Du Dich im Laufe eines Monats nicht doch jedes Mal auf irgendeine Weise mit dem vorherrschenden Mond und seinen geheimnisvollen Schwingungen anfreunden? Hast Du Dich nicht zu guter Letzt verstanden und gestärkt gefühlt? Nur bei ganz genauem Hinsehen und Verweilen finden wir Zugang zu der Energie, die uns entgegentritt. Nur im Hier und Jetzt fallen die Vorbehalte und Einwände, die uns scheinbar trennen.

Wenn Du also bei Deinen gestrigen Begegnungen einem Menschen innerlich nicht so recht danken wolltest, weil es Dir einfach als Zu-Mut-ung erschien, lass es einfach RUHEN! Gib Segen auf die Angelegenheit!

Nicht umsonst finden wir im Mond der kraftvollen Sonne die Blüten-Essenz der Eibe. Selbst diese als giftig geltende Pflanze enthält einen ungefährlichen Anteil, den fleischigen, roten Samenmantel. Das herauszufinden, braucht es Mut und Beobachtungsgabe. Betrachte eine Eibe! Wie ähnlich sind ihre Nadeln denen der Weißtanne, doch mit welcher Vorsicht zu behandeln!

Notiere jetzt im Lernheft:

Ich öffne mich für neue Möglichkeiten und Sichtweisen.
Je beweglicher ich innerlich werde,
desto leichter kann ich meine Kräfte einsetzen,
ohne zu verletzen oder verletzt zu werden.

Aufregende Erkenntnisse bis morgen!

Eibe: Blüte

Eibe: Frucht

17. Juli

Hast Du die Botschaft der Eibe verstanden? Mit geöffneten Sinnen kann ich am Medizinrad stehen und ganz beruhigt meinen „Verwandten" begegnen, sie vielleicht sogar irgendwann ins Herz schließen, ohne mich bis an die Zähne zu bewaffnen.

Verwandte und Freunde stehen uns auf irgendeine Weise nahe, sie sind uns ja BEKANNT. Unsere aktuelle Aufgabe heißt also ausschließlich, Ähnlichkeiten zu erfassen und anzuerkennen, mehr nicht!

Das Medizinrad garantiert diese Ähnlichkeit durch die Form des geschlossenen Kreises. Wir alle haben denselben Mittelpunkt, dieselbe Herkunft, dasselbe Ziel. Es ist wie bei den Pilzen des Waldes. Bunt durchgemischt stehen die verschiedenen Arten, manche dicht beisammen, manche verstreut, giftige und genießbare, auffällige und unscheinbare.

Die Pilze selber treffen keine Unterscheidungen! Wenn Tiere und Menschen auszuwählen beginnen, dann aufgrund „gemachter" Erfahrungen. Der Ursprung unserer Wahl liegt also in der Vergangenheit. Gegen diese Art von Vor-Sicht ist nichts einzuwenden, denn wir wollen uns ja in der Zukunft nicht vergiften. Doch Du siehst, wir treffen die Wahl nicht wirklich im HIER UND JETZT. Und so sind wir, während wir noch genüsslich das Beste und Liebste für uns auswählen, wieder einmal den Illusionen von Shawnodese aufgesessen. Der tut wirklich alles, damit wir uns „verlieben", um den Fortbestand der Arten zu garantieren.

Zerreiße JETZT den Schleier der Illusion! Begib Dich in den Lebensraum des Waldes! Spüre das Moos unter den Füßen, rieche den Duft der Bäume! Lausche dem Summen der Bienen, dem Sirren der Schnaken! Sieh Dich um nach den ersten Pilzen! Lass das Denken für eine lange Weile ruhen, werde Teil der lebendigen Natur!

Ich wünsche Dir wunderbare Erfahrungen!

18. Juli

Wie ist es Dir bei Deiner „Pilzsuche" ergangen? Hast Du Deinen inneren Frieden gefunden, wenigstens ein bisschen? Oder wollen die „Gift"-Pilze einfach nicht aus Deinem Kopf?

Lass Dir Zeit! Alles Neue gedeiht langsam, aber gute Pflege führt zum Erfolg! Sorge einfach für die einzig wichtige Bedingung: Bleibe im Jetzt! Spüre, wann immer Dein Verstand leise oder laut sein Geplapper anstimmt, in Deinem Körper nach! Du brauchst genau das Gleiche wie die Pilze, die Du gestern bewundert hast: Wärme, Regen, Licht. Schenke Dir dieses Wohlbefinden, wann immer sich Dein Körper unwillig bei Dir meldet!

Gib Dir die Wärme menschlicher Zuwendung, vor allem Deine EIGENE, durch Berührung, Massagen, die Auswahl wohltätiger hilfreicher Personen!

Schenke Dir den reinigenden, erfrischenden Regen des Vergebens und des Verstehens!

Öffne Dich dem Licht der Erkenntnis und der Erleuchtung, indem Du mit den Engeln ein Bündnis schließt und den Höheren Mächten vertraust!

Wenn Du auf diese Weise mit Dir im REINEN bist, betrachte Deine Mitmenschen so, wie Du die Pilze im Wald gesehen hast: eine Gemeinschaft sehr individueller und doch ähnlicher Persönlichkeiten, alle dazu bestimmt, die Erde zu bereichern, zu verschönern und dem GANZEN zu dienen.

Lass Dich heute begleiten vom Pfifferling! Er ist einer der kleinsten Waldpilze, verfügt aber über ein einzigartiges unverkennbares Aroma. Notiere Dir die Botschaft seiner Essenz:

Ich genieße es, Teil einer Gemeinschaft,
Teil der Natur und somit Teil des Großen Ganzen zu sein.
Geborgen und gefestigt übernehme ich Verantwortung
für unser aller Fortkommen.

Erlebe die Freude der Zugehörigkeit!

19. Juli

Fühlst Du Dich schon ein wenig heimisch im „Wald"? Bist Du Dir Deiner Bedeutung für die Erde und ihre Bewohner bewusst geworden?

Es gibt Situationen, wo uns die Verantwortung zu viel wird. Manchmal dagegen fühlen wir uns zu wenig eingebunden, ja fast überflüssig.
Halte kurz inne: *Befindest Du Dich derzeit im Gleichgewicht oder überwiegt eine Seite?*

Um einen festen Platz einzunehmen, stabil zu bleiben, aber nicht für immer und ewig an der übernommenen Rolle festzukleben, können wir uns die Pilze zum Vorbild nehmen.
Betrachte heute das Bild des Parasolpilzes! Natürlich wäre es ein besonderes Erlebnis, eines dieser köstlich schmeckenden Exemplare aus dem Wald zu holen! Vielleicht findest Du einen Schirmpilz genau da, wo er gestern noch klein und unbemerkt gewachsen ist. Und schon in wenigen Tagen ist es mit seiner Pracht und seinem Wohlgeschmack vorbei. Die Zeit seiner Ernte ist HEUTE!

Genau so darfst Du HEUTE Deinen Platz in der Gemeinschaft übernehmen: mütterlich/väterlich sorgend, hilfreich und präsent HEUTE. Wenn Du Dich bereithältst, wirst Du wissen und fühlen, was Du geben darfst.

Bitte notiere Dir im Lernheft die Information des Parasolpilzes:
*Ich vertraue mich der Lebenskraft an, die in uns fließt
und werde mir meiner Bedeutung
für die Gemeinschaft allen Seins bewusst.
Fürsorglich und zuverlässig übernehme ich
die mir zugedachten Aufgaben.*

Tu HEUTE Dein Bestes!

20. Juli

Hast Du Dich mit Deiner mütterlichen Seite schon so richtig angefreundet? Ist es nicht einfach wunderbar, von den anderen Menschen geliebt und gebraucht zu werden? Manchmal ist das Geben wirklich seliger als das Nehmen!

Nur in Zeiten, wo wir uns innerlich gelähmt fühlen, will dieser lebensspendende Fluss nicht so recht in Gang kommen. Dann fühlen wir uns ausgelaugt, regelrecht ausgequetscht, und schon ist es vorbei mit der Lust am Teilen! Schnell gewinnen wir den Eindruck, dass wir über Gebühr beansprucht werden und beginnen aufzurechnen. Vielleicht ist sogar unser ganzes Geldsystem aus diesem Grunde erfunden worden. Eigentlich schade!

In welch herrlicher Symbiose leben dagegen die Pilze, verwurzelt und verwoben im Boden des Waldes, ein gegenseitiges Nähren und Schenken! Jetzt, wo der Mond der kraftvollen Sonne allmählich dem nächsten Zeichen entgegeneilt, kannst Du Dich noch einmal volltanken mit all den liebens- und lebenswerten Informationen, die uns geschenkt wurden.

Wenn Du dieser Welt voll eitel Sonnenschein nicht recht trauen magst, weil „Gewitter, Hagelschlag und Überschwemmung" Dich in den Boden zu ziehen scheinen, sieh Dich aufmerksam um! Jedes Deiner Probleme wäre GEMEINSAM lösbar. Oft sind wir nur zu sehr in unser eigenes Leid eingesponnen, zu stolz und zu einsam, als dass wir Hilfe von außen zulassen könnten.

Die eigenen Sorgen mit einem anderen zu teilen bedeutet, dessen mütterliche Qualitäten zu würdigen, bedeutet ZU-WENDUNG zu schenken.

Lass Dich heute auf eine tiefe, intensive Begegnung ein! Teile Deine Ängste und Sorgen! Stopp, das soll nicht heißen „jammern und wehklagen"! Mach Dich OFFEN für den Trost, der sich Deinem Schmerz bietet und LASS Dein Leid LOS !

Mache die Erfahrung tatkräftiger Hilfe!

21. Juli

Wie nahe bist Du gestern Deinen Mitmenschen gekommen? Erlebst Du den fließenden Austausch des Gebens und Nehmens auf der Gefühlsebene?

Schau Dich um im großen Kreis des Lebens! Gibt es nicht eine ganze Menge Freunde, Nachbarn, Verwandte, deren Nähe Du von Herzen willkommen heißen magst? Gratuliere Dir zu jedem Menschen, den Du in den vergangenen vier Wochen hinzugewonnen hast!

Wie viel an leidvollen Erfahrungen hast Du hinter Dir gelassen, um diese neue Sichtweise zu erwerben?! Jeder Tag schenkt Dir die Chance für einen neuen Anfang, für neue stärkende Begegnungen. Du musst gar nicht krampfhaft danach suchen. Die besten, größten Pilze stehen manchmal mitten im Weg. Halte einfach die Augen und vor allem Dein Herz offen!

Betrachte den Steinpilz! Einen echten?, fragst Du mich. Ja, natürlich, wenn es Dir möglich ist. Doch ihn zu finden ist ein Geschenk. Erfolgreiche Pilzsammler machen aus der Fundstelle oft ein Geheimnis, das sie niemandem verraten wollen.

Dabei ist es so EINFACH! Zeige Dich bereit für die Gabe, die auf Dich wartet!

Schließe die Augen und sieh nach innen, betrachte das Wunder des Pilzes, den Du erhoffst! Sieh die Robustheit seiner Form, die kunstvollen Fasern, das gelungene Farbspiel, das ihn Teil seiner natürlichen Umgebung werden lässt! Rieche seinen unverwechselbaren Duft, schmecke sein Aroma auf der Zunge! Danke ihm für sein Dasein, gratuliere ihm für sein geglücktes Versteckspiel! Zeige Verständnis für die vielen Tiere und Menschen, die ebenso gern wie Du an ein solch herrliches Exemplar geraten würden! Sei im Fluss!

Dieser Steinpilz wird seinen Finder selber finden, vielleicht Dich, oder einen anderen, dem er HEUTE nahe sein will.

Lass es einfach geschehen! Werde Du selbst zu dem Kunstwerk, das Du vor Augen hast! WERDE DU SELBST!

Bitte notiere Dir die geistige Essenz des Steinpilzes:
*Selbst im Notfall und in Krisensituationen
ruhe ich fest in mir selbst.
Ich öffne mich meiner Intuition
und empfange Heilimpulse
für mich und andere.*

Ich wünsche Dir Zugang zu der Kraft, die in Dir steckt!

22. Juli

Nun hast Du also zu GUTER Letzt Deinen festen Stand-Punkt gefunden und gelernt, tief in Dir zu ruhen.

Genieße diese friedliche Position, um Dich noch einmal im Kreis umzusehen. Betrachte all die vielen Menschen, die Dir nahe gekommen sind, Deine Familie, Deine Freunde, Deine Nachbarn! Beglückwünsche Dich zu diesem Reichtum an vertrauten Personen, mit denen Du Dein Leben teilen darfst! Spüre Deine großartige Fähigkeit, mütterlich und fürsorglich Hilfe zu geben, wo sie benötigt wird! Nimm es demütig an, wenn Du der Empfänger guter Gaben sein sollst!

Zum ersten Mal hast Du erfahren, was SICHERHEIT bedeutet. Der innige Kontakt zu Deinem Höheren Selbst schenkt Dir die tiefe Gewissheit, dass Du geborgen bist und dass gut für ALLE gesorgt wird. HIER und JETZT ist der rechte Platz. Du hältst Dein inneres Kind zärtlich im Arm und zeigst ihm die wunderbare Welt rings umher. Ihr tanzt auf einem Fest der Freude und Dankbarkeit!

Nun darfst Du aus dem Schutz der hohen Bäume heraustreten und den dunklen Wald verlassen. Das letzte Symbol der Specht-Position begegnet uns bereits unter offenem Himmel: der Wiesenchampignon. Um ihn zu sammeln und zu verzehren, solltest Du schon ein echt guter Pilzkenner sein! Bedenke, dass Du seit dem Zeichen des Bibers Deine Unterscheidungskraft viele Wochen lang üben musstest, um jetzt mit Hilfe von Specht und Fröschen Deiner Intuition voll zu vertrauen!

Betrachte aufmerksam und liebevoll den versteckten, weiß leuchtenden Wiesenbewohner, seine feinen rosa gefärbten Lamellen, das zierliche Ringlein am hoch aufgerichteten Stiel! Rieche seinen verlockenden Duft! Empfange die Freundschaft, die er Dir anbietet!

Bitte notiere als zusammenfassende Information des Specht-Mondes das Thema des Wiesenchampignons:

Ich bin erfüllt von Lebensfreude und Harmonie.
Mit kindlichen Augen kann ich die Welt bestaunen
und umarme voller Liebe die Schönheit dieser Erde.
Ich empfange Heilung auf allen Ebenen.

Geh aufrecht und voll Erwartung hinüber in den neuen Tag!

Mond der reifenden Beeren

Stör

Kraftvoller Führer

Wissen Entschlossenheit Selbstvertrauen

Du findest positive Lösungen

Großzügig

Die Lernthemen

Der Sommer ist die Zeit der Schnelligkeit.
Halte kurz an! Wohin zieht es Dich so sehr?
Mache eine Bestandsaufnahme!

Der Sommer ist die Zeit des Vertrauens.
Mach Dich bereit für alles GUTE, das Dir geschenkt ist!

Der Sommer ist die Zeit des Durchhaltens.
Sich zu versöhnen ist eine tägliche Aufgabe. Bleib dran!

Der Sommer ist die Zeit der Verwirklichung.
Lerne aus Deiner Mitte heraus zu handeln!

Stör
Public Domain

Eisenkraut = Vervain

Himbeere

Gelber Sonnenhut

Hainbuche = Hornbeam

Zeder

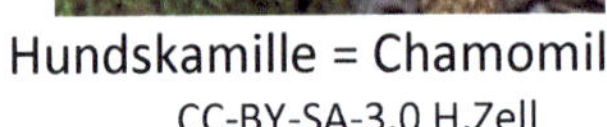

Hundskamille = Chamomile
CC-BY-SA-3.0 H.Zell

Essigbaum

Rosenquarz

Eisenerz

Granat

23. Juli

Nach vier Wochen intensiver Gefühle haben wir uns gestern vom Specht verabschiedet und begeben uns zum nächsten Stein des Medizinrades.

Diesmal scheint es ein gleitender Übergang zu werden. Schließlich befinden wir uns weiterhin mitten im Sommer. Trotzdem, spüre genau hin! Etwas Entscheidendes ist doch anders geworden.

Die hinter uns liegenden Specht-Energien haben uns die Verknüpfung mit den anderen Menschen kraftvoll vor Augen geführt. Und ja, es fühlte sich gut und besonders an. Nun scheint sich mit einem Mal die Melodieführung zu ändern. Du nimmst immer mehr Deine eigene Stimme wahr, versuchst vielleicht sogar unauffällig, die erste Geige zu spielen?

Macht Dir das Angst? Keine Sorge, auch dies geschieht zum Wohle aller, wenn Du ein paar kleine Stolperschritte vermeidest.

Beschäftige Dich deshalb kurz mit der Bach-Blüte Vervain, dem zierlichen Eisenkraut:

*Obwohl ich hohe Ideale habe
und mir meiner Sache so sicher bin,
lerne ich fremde Standpunkte zu akzeptieren und zu schätzen.
Der größere Abstand hilft mir,
meine Dinge realistisch und besonnen einzuschätzen.
So können wir gemeinsam handeln.*

Tritt jetzt bitte für einen kleinen Moment auf die Bremse und lausche nach innen!

Vielleicht fühlst Du Dich ungeduldiger als üblich, hast ausgerechnet HEUTE echt Wichtigeres zu erledigen, als Dich mit einer eher langweiligen Tagesaufgabe abzumühen?

Oder lockt Dich einfach das strahlend schöne Wetter und Du ersehnst den längst verdienten Urlaub herbei?

Prima, holen wir uns eine kleine Erfrischung, um uns aufzumuntern! Bitte schließe kurz die Augen und versorge Dich mit der wohltuenden Energie des klaren Wassers! Erinnere Dich an H_2O in seiner schönsten Form! Wie liebst Du es am allermeisten? Gehe wieder einmal alle Angebote durch: *die übermütige Quelle, den lustigen Bach, den geheimnisvollen Bergsee, den sich schlängelnden Fluss, das brandende Meer, einen belebenden Schluck oder den Sprung ins kühle Nass?*

Für diese Energie haben wir im letzten Monat die blauen Wellen als Symbol gewählt. Bitte zeichne sie noch einmal in Dein Lernheft! Nun greife zu einem roten Stift und lass Pfeile nach oben schießen! Beobachte, wie sich der ruhige Fluss mit einem Mal verändert!

Wenn Du jetzt wieder die Augen schließt und an Wasser denkst, was siehst Du? Was hörst Du? Was spürst Du? Was riechst Du?

Lass Dich durchnässen von der sprühenden Gischt des Wasserfalles, lausche dem Dröhnen der herabstürzenden Fluten! Atme den Duft der Frische und Befreiung! Gib Dich ganz hin!

Fühle die Hitze des Tages und die Kühle des Wassers!

Genieße den Sommer!

24. Juli

Hast Du eine lustvolle Begegnung mit dem Wasserelement gehabt? Sieh Dich am Medizinrad um! Zweimal schon konnten wir die Frösche als die Botschafter des Wassers beobachten: im Wintervierteljahr beim Puma, im vergangenen Monat beim Specht. Eigentlich wäre jetzt ein Wechsel angesagt.

Doch da wir den ganzen Sommer lang unter dem Schutz von Shawnodese, dem Kojoten, stehen, der sich die Ausheilung unserer Gefühle und Beziehungen zur Aufgabe gemacht hat, wirkt im Hintergrund weiterhin die beruhigende Frische des Wassers.

Darüber hinaus drängt sich nun, wie Du gestern bereits spüren durftest, machtvoll und aktiv ein anderes Element ins Bewusstsein. Zielgerichtet fordert der Donnervogel eine Wandlung des Bestehenden ein.

So breitet sich eine eigenartige Zwiespältigkeit zwischen Feuer und Wasser aus, die es erst einmal zu verkraften heißt!

Schau heute mal besonders konzentriert auf das Wettergeschehen! Wenn Du regelmäßig Deine täglichen Beobachtungen absolviert hast, bist Du inzwischen sicher schon Profi, was Wolken, Wind und Niederschläge angeht.

Das erleichtert das Leben im JETZT ganz ungemein, weil einfach immer das RICHTIGE Wetter ist! Erinnere Dich an die Herrschaft des Donnervogels im Zeichen Habicht! Welch ein imposanter Unterschied zwischen der damaligen Frühlingserwartung und den jetzigen Sommergewalten! Die eindrucksvollen Entladungen eines Hitzegewitters, Hagelschlag oder unerwartete Temperaturstürze machen dem Feuerzeichen wirklich alle Ehre.

Wenn Du diese leidenschaftlichen Energien der Natur zwischen den Menschen und ebenso in Deinem tiefsten Inneren erlebst, versuche still zu bleiben! Notfalls klammere Dich mit einer „Schar Frösche" an ein „Seerosenblatt" und behalte den Blick zum Zentrum im Auge!

Bewahre Deine Ruhe inmitten des Sturmes!

Fühlst Du Dich mittlerweile so richtig in DEINEM Element? Stehen Deine Zeichen auf „Sturm", fließt „Feuer" durch Deine Adern?

Gib Dich der Kraft des Feuervogels hin, nütze die Zeit für NOT-wendige Veränderungen! Schwinge Dich hoch in die Lüfte des Himmels! Du hast die Erlaubnis bekommen, Dich ganz an die Spitze tragen zu lassen, weit hinweg über Berggipfel, höher als die Wolken. Nichts trennt Dich von Sonne und Licht. Nütze die Sicht, um Überblick zu gewinnen über Dein Leben!

Du bist er-WACHSEN und allem ENT-wachsen, was je hinderlich war oder Dich festhalten wollte. Du selbst ent-SCHEIDEST, wohin Dein Weg führen wird.

Halte eine kurze Bestandsaufnahme:
Was hast Du im Winter hinter Dir gelassen? Wovon hast Du Dich gereinigt?
Welche Sehnsüchte haben Dich im Frühling angetrieben? Was waren Deine Ziele? Was wolltest Du unbedingt erreichen?
Stehst Du heute wirklich an dem Platz, den Du Dir immer erträumt hast?
Bringst Du Deine Stärke ein für Deine INNERE Wahrheit?

Lass Dich von Shawnodese, dem Kojoten, in die Stille der Wüste begleiten! Setze Dich mit ihm in den Sand, spüre die gleißenden Sonnenstrahlen auf Deiner Haut! Birg Dich mit ihm in den Schatten der Nacht und ergib Dich der Kühle unter dem sternklaren Himmel! Lausche seinem Ruf, öffne Deine Ohren für das Heulen seiner einsamen Stimme! Was hörst Du?

Bitte notiere in Deinem Lernheft alle Antworten, die Du vernommen hast!

Du darfst noch einmal beginnen! Ich wünsche Dir Mut!

26. Juli

Hast Du den Ruf der Wüste vernommen? Bist Du unter dem klaren Sternenhimmel Deinen Träumen begegnet, oder hat Dich ein heftiges nächtliches Gewitter wachgehalten?

Im Sommer ist alles möglich. Nütze den Zeitpunkt! Du kannst Dir DEIN Leben gestalten, JETZT! Nichts ist versäumt, nichts verloren. Dein Ziel vor Augen, darfst Du voraneilen, genau wie die Natur es macht. Sei schneller als die Hitze des Tages! Besteige den Berg in der Kühle des Morgens! Gieße Dein Pflänzlein, ehe es die glühende Mittagssonne verbrennt! Ernte die saftigen Früchte, ehe sie am Strauch verdorren!

Um ein solch heftiges Tempo mithalten zu können, braucht es leichtes Gepäck. Sortiere mit Bedacht, was Du weiterhin mittragen möchtest! So vieles hast Du im Zeichen der Schneegans bereits losgelassen. Betrachte Deine gestrigen Zielvorgaben!
Frage Dich:
Steht noch irgendetwas oder irgendjemand Deiner Sehnsucht im Wege?
Blockierst Du Dich vielleicht sogar selber?
Möchtest Du Altes hinter Dir lassen und dafür etwas anderes einpacken?
Was ist für Deinen Eilmarsch unverzichtbar, womit wirst Du Dich stärken, womit Deinen Durst löschen?

Blicke zum Zentrum des Rades! Dein ewiges, immerwährendes Ziel vor Augen wirst Du Deine Träume tatsächlich leben!

Halte heute Nacht Ausschau nach dem Polarstern! Im Süden stehend wendet sich Dein Blick unweigerlich nach Norden. Auch das bedeutet im JETZT sein: losgelöst vom ALTEN einen OFFENEN BLICK behalten.

Ich wünsche Dir und mir so sehr eine KLARE Sicht!

27. Juli

Bist Du eingetaucht in das Meer der Sterne? Hast Du die Kühle der Nacht in Dich aufgesogen und in der unendlichen Weite einen Anhaltspunkt gefunden für Dein Suchen und Hoffen? Konntest Du spüren, dass Du sogar auf der nächtlichen Reise nie allein bist?! Im Gegenteil, dass ALLES EINS ist?!

Finde die gebündelte Kraft dieser Energie in DIR! Nütze den Moment!
Es herrscht der Mond der reifenden Beeren. Sieh Dich um! Wie schnell ist die passende Gelegenheit vorüber! Zu schade, die Verlockung am Zweig vertrocknen zu lassen! Pflücke den Reichtum an Johannisbeeren und Himbeeren, solange die Zeit stimmt! Durchforste den Wald und erspähe die blauen Heidelbeeren im Moos! Behalte die Brombeeren fest im Auge, um die köstlichen schwarzen Früchte gleich zu ergattern, wenn sie reif sind, inmitten all der grünen und roten, die erst noch ganz viel Sonne brauchen!

Genieße dieses rauschende Fest, dieses Schauspiel der Natur! Vom Biber zum Stör waren es genau drei Monate. Auf diesem Weg geschah die geheimnisvolle Verwandlung. Aus der träumerischen frühlingshaften Blüte sind leuchtende Kugeln gewachsen, prall gefüllt mit Saft und köstlichem Aroma! Wie viel Anpassung an widrige Umstände, wie viel an natürlicher Intelligenz war nötig, um das Zusammenspiel von Erde, Sonne und Regen so wundervoll zu nutzen!

Mach es genauso! *Frustration, Resignation, Hoffnungslosigkeit?* Was sind das für nutzlose, beschwerende Worte! Denke nach vorne! Wenn Du zum Zentrum blickst, siehst Du auf der gegenüberliegenden Seite den Otter, den Künstler des „Positiv Denkens"!
Dies ist Deine Chance: LASS DEINE TRÄUME ENDLICH WAHR WERDEN!

Erkenne Deine Möglichkeiten!

28. Juli

Hast Du einige der reifsten Beeren bereits gekostet? Auch Dein persönlicher Erfolg wird nicht lange auf sich warten lassen. Immer wenn Deine innere Sonne scheint, ist er bereits da.

Probiere es aus! Damit Du nicht zu sehr in die Gedankenwelt abdriftest, wozu uns der Donnervogel allzu leicht verführen möchte, werden wir uns gleich zu Beginn um eine gute Erdung bemühen.

Natürlich muss es bei der Körperübung des Monats dieses Mal SCHNELL gehen. Am besten beginnst Du gleich morgens, ehe die Sonne Dir allzu sehr zusetzt, vielleicht vor dem Frühstück oder auf dem Weg zur Arbeit.

Suche Dir Deiner Kondition entsprechend einen guten Ausgangspunkt: eine sanft ansteigende Straße, einen kleinen Hügel, ein richtiges Steilstück oder notfalls auch nur die Treppe. Nun darf es je nach Deinem Befinden zwei Minuten oder mehr aufwärtsgehen, in einem für Dich angemessen RASCHEN Tempo!
Wenn Du oben angekommen bist, schließe die Augen und spüre nach innen: Der Puls hämmert, Dein Herz klopft, Du hörst Deinen Atem. Genieße die Kraft, die in Dir strömt!

Jetzt öffne die Augen und blicke nach unten! Schau Dich um mit den Augen eines kleinen Kindes! Betrachte alles was Du siehst, als wäre es das erste Mal! Nichts ist selbstverständlich, nichts erklärbar, alles scheint neu und unberührt. Du bist OBEN angekommen. Und Du stehst am ANFANG!?

Lass die Verwirrung tagsüber ein wenig nachwirken!

Genieße es, Dich zu SPÜREN!

29. Juli

War es nicht herrlich, das Pulsieren Deines Körpers zu erleben, Dein Herz hüpfen zu lassen?! Vielleicht fühlst Du Dich ja heute schon vor dem geplanten Lauf beweglicher und fröhlicher, hast richtig Lust, ein wenig zu hüpfen und zu springen! Gehe den Tag LEICHT an!

Jedes Ziel, das Du Dir hier auf Erden erträumst, wird letztendlich mit irdischen Mitteln gelöst. Also wollen Körper, Gefühle und Verstand mit einbezogen werden, wenn die Seele ihren Visionen folgt. Wir dürfen uns nicht einfach blind und taub stellen. Du wirst sehen, dass Vitalität und Ausdauer Dich Deinen höchsten Zielen näher bringen.

Sagst Du mir nun, Du könntest nicht weiter mitspielen, weil Du krank oder behindert bist? Aber ja doch, bei diesem göttlichen Spiel findet JEDER seinen Platz! Es gibt immer irgendeinen Teil an Dir, den Du trainieren und fordern kannst! Und Du wirst den Erfolg SPÜREN!
Hat sich das Rätsel von gestern inzwischen gelöst? Was sollte das bedeuten: *Der Anfang ist Oben?* Wie kann der Erfolg denn schon DA sein?

Betrachte im Lernheft die roten Pfeile, die Du gemalt hast! Donnervogel-Energie pur, das bedeutet, schon beim Abschießen zu WISSEN, dass der Pfeil ins Schwarze trifft! Das bedeutet GEGENWÄRTIG SEIN! Der Start ist bereits das Ziel!
Bedanke Dich in diesem Wissen für alles, was Dir geschieht und zuteil wird! Es gibt nur diesen einen Augenblick, doch der schenkt Dir ALLES.

Um das zu verinnerlichen, wollen wir uns mit dem derzeit herrschenden Symboltier des Medizinrades beschäftigen. Bitte betrachte bis morgen das Bild des Störs (S. 52)

Lade ihn ein in Deine Träume!

30. Juli

Hast Du schon den Riesenfisch zu Gesicht bekommen, über den wir uns heute unterhalten wollen? Oder ist er Dir wenigstens in Deinen Träumen begegnet?

Bei den Indianervölkern wurde der Stör als Herrscher der Fische geachtet und bewundert. Auf Grund von Größe und Gewicht ist er wirklich sehr beeindruckend. Seine gepanzerte Außenseite macht ihn unverletzlich gegen Angriffe. Er fühlt sich in den Schlammgründen der Meeresküsten zuhause. Erst seit er für den unersättlichen Menschen wegen seines als Kaviar bekannten Rogens begehrenswert wurde, ist er vom Aussterben bedroht.

Nähere Dich dem Stör mit Vorsicht und Respekt! Bewundere seine Kraft und Vitalität, seine Angepasstheit an widrige Umstände, seine Verbundenheit mit den Tiefen des Meeres! Erfühle den Gegensatz der eisenharten Oberfläche zu der sanften Weichheit seines Fleisches! Folge mit dem Finger der langgezogenen rüsselartigen Schnauze, der geteilten Schwanzflosse!

Bewundere ihn, den König des Wassers und bitte ihn um seine Gabe! Empfange vom Stör die Entschlossenheit und Ausdauer eines Tieres, das seit Millionen von Jahren die Meere beherrscht! Öffne Dich für den Schatz seines Wissens!

Bitte nimm Dir die Zeit, diesen wunderbaren Fisch ins Lernheft zu malen! Tauche ganz ein in seine Schönheit!

Erlebe, wie sich Feuer und Wasser harmonisch verbinden!

31. Juli

Wie nahe hast Du den Stör an Dich herangelassen? Bist Du mit ihm eingetaucht in die Tiefen des Meeres? Konntest Du mit seinem Wesen verschmelzen, seine unanfechtbare Kraft spüren?

Jetzt im Sommer dürfen wir erleben, so gut geschützt und gepanzert zu sein, dass wir endlich gefahrlos aus uns herausgehen können, erhobenen Hauptes.

Lernen wir von den Störweibchen! Um zu laichen, verlassen sie den dunklen Schutz des tiefen Meeres und begeben sich in seichte einsehbare Gewässer. Sie vertrauen auf ihre Bestimmung. Sie passen sich an die Erfordernisse an, um ihrer Art das Weiterleben zu garantieren. Tiere tun dies ohne Wenn und Aber.

Wie ist das mit Dir? Hindert Dich Dein kluger Kopf, Deine überragende Intelligenz, das EIGENTLICHE im Leben zu verwirklichen? Bist vielleicht Du selbst es, der Dir im Weg steht?

Oft halten wir unsere Ängste und Sorgen für nützlich und unverzichtbar. Dabei verfügen wir in dem Augenblick, wo TAT-sächlich Reaktion und Stärke erforderlich sind, über alle ungeahnten Kräfte, die wir benötigen. Hast Du es etwa schon vergessen, Du trägst Deine Rüstung, wie ein Stör, IMMER!

Da Du also gut gepanzert bist, brauchst Du es nicht noch extra übertreiben und Dich unnötig beschweren!

Meist sind es die alten, unverarbeiteten Erinnerungen, die uns allzu vorsichtig machen und das Leben als einen unsicheren, gefahrvollen Ort erscheinen lassen.

Bitte betrachte heute im Anhang 1 die Kinderbilder der sieben Stationen! Wo fühlst Du Dich vollkommen beschützt? Welches Kind scheint ganz in sich zu ruhen, ganz eins mit sich und der Welt, in der es lebt?

Nimm dieses Kind mit in Deinen Schlaf! Sei Du selbst dieses entspannte, behütete kleine Wesen, das mit jeder Faser seines Körpers spürt und weiß: Alles ist GUT.
ERLEBE, was Vertrauen bedeutet!

1. August

Ich hoffe, Du hattest eine schöne, leichte Nacht!

Zur Erinnerung an das kleine Kind, das Dir gestern seine Begleitung angeboten hat, kannst Du Dir mit der zugehörigen Farbe der ausgewählten Chakrenstation heute eine kleine Freude machen.
Vielleicht wählst Du ein passendes Kleidungsstück, wenigstens ein Tüchlein, oder Du steckst einen Heilstein ein! Betrachte tagsüber so oft wie möglich Dein kleines Mitbringsel!

Bestimmt kannst Du „Deine" Farbe auch in der Natur entdecken! Freue Dich auf die Blumen und Schmetterlinge, die Dich an den glücklichen Zustand erinnern, wenn sich ALLES IN ORDNUNG anfühlt!

Bitte hole Dir die Entdeckungen des heutigen Tages in Dein Lernheft, mit genau dem Farbstift, der zu Deinem kindlichen Gefühl von Wohlbefinden und „Richtig angekommen sein" passt! Versenke Dich mit ganzer Hingabe in diese Aufgabe!

Du wirst diese Zeichnung noch oft betrachten, wenn die Tage grau und freudlos scheinen! Vielleicht findest Du sogar ein Kinderbild von früher, das Du dazukleben kannst.

HEUTE, wenigstens HEUTE sei ein fröhliches Kind!

2. August

Wie fühlst Du Dich JETZT?

Mal ehrlich, den einen oder anderen Einwand kann ich fast schon hören! *Du seiest „nur manchmal", „zu selten", „gar nie" glücklich gewesen. Du hättest Dir „Besseres gewünscht".*
STOPP! Im Hochsommer haben wir keine Zeit für eine kleine Runde Mitleid. Schau nicht zurück, trag keine alten schweren Lasten!
„Das ist nicht so leicht!" Stimmt, „leicht" ist es nicht, sondern eine Frage der Entscheidung. Welches Bild Du auswählst, mit welchen Farben Du malst, welche Personen und Situationen Du in den Vordergrund rückst, wie Dein Gesamtkunstwerk aussieht, das Du in Deinem Kopf abspeicherst, darüber verfügst allein DU, Du bist der Kreator Deiner Vorstellungswelt. Was einmal passiert ist, kannst Du heute nicht ändern. Aber über Dein Denken und Fühlen bestimmst nur DU!
Bitte, gib jetzt nicht auf! BLEIB DRAN, wo es ent-SCHEIDEND wird!! Lerne, zwischen Macht und Aussichtslosigkeit zu trennen! Lass die Vergangenheit los!
Damit Dir die Zeit bis morgen nicht gar zu schwer wird, holen wir uns Hilfe aus der Natur. Noch kannst Du eine der letzten Himbeeren ernten, die in der Sonne gereift sind. Pflücke die reife Frucht vorsichtig von den kratzigen Zweigen, betrachte das warme Rosa in Deiner Hand, halte die Beere sanft, um sie nicht vorzeitig zu zerdrücken, koste ihren Geschmack auf der Zunge!
Konzentriere Dich auf die heilenden Wirkstoffe, die uns die gesamte Pflanze anbieten möchte: die abgekochten Blätter hilfreich bei Durchfall, Darmentzündungen und Blasenleiden, die zusammenziehenden und antibiotischen Kräfte aus der Wurzel, die reinigende Kraft der Beeren u.v.m.
Bitte suche bis morgen einen seelischen Zugang zu dieser vielseitigen Pflanze! Vielleicht malst Du Dir eine „Himbeer-Fee" ins Lernheft?!

Ich wünsche Dir einen versöhnlichen Tag mit vielen freundlichen Gedanken!

3. August

Bist Du die Sache praktisch angegangen und hast Dir gestern Abend einen Tee aus Himbeerblättern gekocht? Oder hat gar eine kleine Blütenfee in Deinen Träume gespukt?

Jedenfalls konntest Du spüren, wie die Himbeere unser Herz anrührt und dass wir an ihren fruchttragenden Sträuchern kaum vorbeigehen können, ohne ein wenig zu naschen.
Was ist ihr „Geheimnis"? Worin besteht ihre tröstende Süße?

Gib Deinem Kopf die Erlaubnis, ganz kurz (eine Minisekunde, nicht länger!) auf Dein gestriges vermeintliches Unglück zurückzuschauen! Wie war das also: *Man hat Dir etwas angetan, Dich schlecht behandelt, Dich übersehen, Du leidest noch immer darunter .... ???*
Und JETZT schmeckst Du diese weiche aromatische Himbeere, lässt Dich von ihren Blättern reinigen, erfährst die Kraft ihrer Wurzeln! JETZT entscheidest DU, ob und wie lange Du weiter leiden und Dich grämen willst!

Benütze all Deine innere Kraft und Stärke, um das Alte, den wertlos gewordenen Ballast abzuschneiden! Schließe dazu die Augen und stelle Dir ein Werkzeug vor, das dazu angemessen erscheint: *ein Messer, eine Säge, einen Häcksler, ...!* Nun kannst Du Dich schon mal probeweise an die Arbeit machen, um die alten Ketten loszuwerden! Den entstandenen Seelenmüll beseitigst Du sofort nach eigenem Ermessen: *auf einer Mülldeponie, im Weltall, in einem Transformator, ...*

Nach diesem ersten Probelauf notierst Du Dir bitte die Information der Himbeer- Essenz:
Ich lerne verzeihen und fühle mich getröstet.
So kann ich gutherzig und wahrhaft liebevoll sein.
Kraftvoll, entschlossen und großzügig finde ich positive Lösungen.

Ich wünsche Dir ein leichtes, liebevolles Herz!

4. August

Wie viel an altem Gerümpel konntest Du gestern loswerden? Zu vergeben, zu verzeihen, sich gar zu versöhnen gehört zu den anspruchsvollsten Aufgaben unseres Erdenlebens. Warum wir dazu neigen, gerade das festzuhalten, was uns so sehr schmerzt, werden wir noch genauer zu untersuchen haben. Doch heute wollen wir erst mal die Technik, uns zu BEFREIEN, ein wenig vervollkommnen.

Du hast ja gestern schon erfolgversprechend begonnen, loszulassen. Leider haben wir schon öfter die Erfahrung gemacht, dass ein „Vergeben und Vergessen" nicht allzu lange vorhält. Ein kleines Gespräch unter Freunden, eine Nachfrage des Arztes, häufig ein geplantes Familientreffen genügen, und schon sind sie wieder da, die alten Vorwürfe. Geradezu genüsslich erzählen wir vom erlittenen Unrecht, von unseren Leiden, Operationen, Ängsten, von unserem Zorn auf die Übeltäter, die schuld sind an unserem Unglück. Kurzum, wir haben noch nicht verziehen.

Je nachhaltiger unser Urvertrauen gestört wurde, umso heftiger werden wir uns HEUTE wehren und abschotten. Ohne mächtige Hilfe wird eine dauerhafte Befreiung nicht möglich sein. An diesem Punkt könnte eine therapeutische Begleitung notwendig werden, damit Du im geschützten Rahmen neue, bessere Erfahrungen machen kannst.

In jedem Fall benötigen wir eine absolut zuverlässige Entsorgungsstelle für unseren „Problemmüll". Hierbei sind Menschen, seien sie auch noch so professionell, schlichtweg überfordert.

Nur vom Zentrum, vom Großen Ganzen aus erhalten wir die nötige Rundumschau, um uns mit unserem Schicksal und ALLEN Menschen zu versöhnen. Aus der MITTE erwächst uns die unverbrüchliche Hilfe.

Zwei Aufgaben bis morgen! Zum einen bewaffne Dich noch einmal mit dem farbigen Gegenstand, den Du Dir am 1. August gewählt hast!

Zum anderen bewache wie ein pfiffiger Detektiv Deine Gedanken, Deine Worte und Deine Gefühle, ob Du eine Spur von Unversöhnlichkeit entdecken kannst! Jedes Mal, wenn Du Dich ertappst, betrachte aufmerksam die Farbe, für die Du Dich entschieden hast!

Nimm Deine gedanklichen Ausrutscher mit Humor!

5. August

Fühlst Du Dich, wenn Dir die Vergangenheit in den Sinn kommt, ein wenig BESSER als sonst? Du bist auf einem wirklich GUTEN Weg! Letztendlich gelingt der Akt des Vergebens, Verzeihens und Versöhnens niemals allein aus eigener Kraft. Er ist ein Geschenk.

Unterwirf Dich einem dreitägigen Heilritual, um für immer reinen Tisch zu machen!

Der wohltuenden Farbe, die Du Dir gewählt hast, entspricht, wie Du weißt, ein bestimmtes Chakra. Lass Dich heute bei Deinem ersten Reinigungsschritt von der machtvollen Kraft des Engels begleiten, dessen Energie auf dieses Chakra in besonderem Maße einwirkt!

ROT : Bitte den Engel Uriel um seine Begleitung!

ORANGE: Bitte den Engel Camael!

GELB: Bitte den Engel Michael!

GRÜN und ROSA: Bitte die Engel Haniel und Raphael!

HELLBLAU: Bitte den Engel Gabriel!

INDIGO: Bitte den Engel Michael!

WEIß, VIOLETT: Bitte den Engel Metathron!

Sobald Du Dich innerlich vollkommen bereitgemacht hast, Dich von Höherer Macht führen zu lassen, begib Dich im Beisein Deines himmlischen Begleiters in den Norden zum Ausgangspunkt des Medizinrades!

Hier erwartet Dich Waboose, die weiße Büffelfrau, zu Deinem ersten Reinigungsbad. Mach Dich bereit, Deine Kleider abzulegen, lass alles Anhaftende hinter Dir und steig in das kristallklare Wasser! Waboose reinigt Dich gründlich und liebevoll von erlittenem Schmerz und allen belastenden Situationen. Sie transformiert alles Gewesene in einem wunderbaren Umwandlungsprozess.

Erst wenn Du Dich vollkommen erneuert fühlst, steige aus dem Bad! Dein Engel erwartet Dich und bekleidet Dich mit einem neuen Gewand DEINER Farbe!

Gib Dich dem Heilprozess hin! Lass Vergebung geschehen!

6. August

Schau kurz zurück! Was hast Du alles bereits hinter Dir gelassen! Frisch bekleidet und neu gestärkt gehst Du in Begleitung Deines Engels weiter nach Osten. Hier begegnest Du Wabun, dem Steinadler, der bereits auf Dich gewartet hat.

Deine Reise führt Dich auf einen hohen Gipfel. Von hier oben aus zeigt Dir Wabun Dein Leben in allen Einzelheiten: ein bunter Teppich aus Erfahrungen. Jede Stelle, die mit trüben, belastenden Gedanken besetzt ist, markiert er mit seinem scharfen Schnabel. So zeigen sich viele dunkle, fehlerhafte Stellen, Knoten und Risse im Gewebe.

Du kannst jede Sekunde Deines Lebens abfragen, die Dir bedeutsam erscheint, weit zurück in die Vergangenheit, auch in die Zeit vor Deiner Geburt, sogar in frühere Leben, falls Du das möchtest. Wenn Du keine Fragen mehr hast, gib Wabun ein Zeichen, dass er seine Arbeit beenden kann!

Nun trägt Dich der Steinadler mit seinen mächtigen Schwingen höher und höher hinauf. Betrachte das Bild Deines Lebens von allerhöchster Warte aus!

Was siehst Du? Begutachte, was aus den dunklen, fehlerhaften Stellen geworden ist! Bewundere die absolute Schönheit und Vollkommenheit des Bildes, das sich Dir darbietet! Alles ist GUT, alles in Ordnung, alles an seinem rechten Platz!

Wabun trägt Dich vorsichtig zurück zur Erde und setzt Dich sanft ins Gras. Soeben geht die Morgensonne auf. In ihrem Schein entdeckst Du eine aus dem Berg sprudelnde Quelle. Hier kannst Du Dich ein zweites Mal reinigen. Lege das Gewand ab, das Du gestern erhalten hast! Wasche sehr gründlich Deine Hände, Dein Gesicht und Deinen ganzen Körper! Du reinigst Dich von allen anhaftenden Erfahrungen und Gedanken. Genieße die Frische und Kühle des Wassers!

Sieh Dich um! Du bist umgeben von himmlischen Wesen, die ein Fest der Freude mit Dir feiern, das Fest des Verzeihens. Da ist kein Vorwurf mehr, keine Schuldzuschreibung, kein Bedauern!

Du erhältst ein regenbogenfarbenes Gewand. Bekleide Dich mit dieser Gabe des Himmels und tauche ein in die Vielfalt aller Möglichkeiten!

Betrachte von nun an alles, was Dir begegnet, mit liebevollen Augen!

7. August

Hast Du bemerkt, wie ähnlich Du allem bist, was hier auf Erden existiert? Jeder Stein, jede Blume, jedes Tier, jeder Mensch spiegelt sich in Deinem bunten Gewand. Wie schön Du bist!

Geh nun am Medizinrad den Schritt nach Süden, in die Gegenwart des Sommers! Shawnodese, der Kojote, erwartet Dich mit einem schallenden Gelächter. Er hält Dir einen Spiegel vors Gesicht. Im gleißenden Licht der Sonne erkennst Du, dass Du nackt bist.

Begleite den Kojoten in die Wüste! Sein goldgelbes gesprenkeltes Fell ist im Sand kaum wahrnehmbar. Du spürst, wie Du mit den Abermillionen von Sandkörnern verschmilzt. Da ist nur noch Glut und Hitze. Kein Schmerz, keine Wut, kein Aufschrei, keine Angst ......

Bleibe im Schatten von Shawnodese sitzen, bis Du ganz leer bist, bis da nichts mehr ist, nur Licht und Stille ....

Wenn Du ganz zeitlos geworden bist, lass Dir von Shawnodese den Weg zeigen! Er führt Dich zu einem Wasserfall. Die Strahlen der Sonne zerfallen in tausend kleine Regenbogen. Tritt unter das herabstürzende Wasser ....

Jetzt weißt Du, dass ALLES genau so sein muss, wie es war, genau so, wie es ist, genau so, wie es je sein wird!

Feiere heute Dein Fest der Versöhnung!

P.S. Bitte mach Dich im Lauf der nächsten Tage auf die Suche nach den Heilsteinen Granat und Rosenquarz!

8. August

Willkommen in einem neuen Lebensabschnitt!

Wenn wir uns erst einmal dazu durchgerungen haben, uns zu ver-SÖHNEN bzw. zu ver-TÖCHTERN, werden wir die Dinge nie mehr so sehen wie zuvor. Denn Versöhnung heißt JA SAGEN zum Schmerz und JA zu den Personen, die uns verletzt haben. Wie ein lerneifriges kleines Kind erwerben wir uns genau von dem Menschen, den wir nie mehr in unsere Nähe lassen wollten, eine neue Qualität, einen Lebensaspekt, den wir vorher abgelehnt haben.

Der Stör mit seiner feurigen Energie und seiner Vorliebe zum „Gründeln" wird uns bei diesem täglichen Prozess besonders hilfreich sein. So wie der Sommer tagsüber seine scheinbare Macht behauptet, aber die Nächte schon wieder unübersehbar länger und kühler werden, heißt es bei unserem seelischen Vorhaben durchzuhalten und ständig auf der Hut zu sein.

Versuche von heute an sensibel jeden Hinweis zu erhaschen, wo sich eine innere Abwehr, ein Widerstand bemerkbar machen! Bestimmt gibt es noch jede Menge Personen, die Dir übel aufstoßen! Doch sofort erinnert Dich der Stör an Deine eigenen Tiefen bzw. Untiefen: Du begegnest Dir im AUSSEN immer wieder nur selbst!

Betrachte draußen in den Gärten den Gelben Sonnenhut, der in seiner leuchtenden Pracht den Sommer verkündet! Siehst Du die von leuchtenden Blütenblättern eingerahmte schwarzbraune Mitte? Sie zu suchen und zu finden ist Deine und meine Aufgabe!

Bitte notiere im Lernheft die Information der kalifornischen Essenz Black Eyed Susan:

Ich finde zu meiner Mitte,
lerne mich selber immer besser kennen und anzunehmen,
wie ich wirklich bin, mit allen meinen Seiten.
So wandeln sich auch dunkle Anteile
in eine starke positive Energie und Kraft.

Lass Deine eigene Sonne leuchten für Dich und die anderen!

9. August

Hast Du all die gelben Blumen bewundert, die uns derzeit in so vielen Gärten entgegenlachen? Wie praktisch, denn so verlieren wir unser Anliegen nicht aus den Augen!

Jedes Mal, wenn Du fühlst, wie das strahlende Gelb Deine Körpermitte, Dein drittes Chakra aktiviert, nimm mit dieser inneren Kraft Kontakt auf!

Viele Deiner Gefühle sind hier gespeichert. Nur weil uns die meisten nicht ständig bewusst sind, können sie explosionsartig nach außen treten und manchmal erheblichen Schaden anrichten. Wenn wir dagegen wie ein guter Gärtner alle Emotionen hegen und pflegen, werden sie uns selbst und unsere Mitmenschen bereichern.

Zusammen mit unserem Verstand erschaffen die Gefühle unseren irdischen Persönlichkeitsanteil, den wir als Ego bezeichnen.

Unser Lernschritt besteht darin, das Ego mit allen Bestandteilen beim Namen zu nennen, es zu identifizieren.

Merkst Du, wie Shawnodese bereits wieder in die Trickkiste greift und sich köstlich amüsiert? Denn jeden dieser Anteile kannst Du bei Deinen Mitmenschen beobachten – und Dich „wie verrückt" darüber aufregen! Da braucht es schon einen so starken Panzer wie ihn der Stör besitzt, um diese Tatsache einfach wegzudrängen.

Machen wir uns also mutig ans Eingemachte, nennen wir heute die Dinge BEIM NAMEN!

Bitte erstelle bis morgen eine Liste der Emotionen, die sich bei Dir melden, wenn Du einem bestimmten Menschen begegnest, in eine typische Situation gerätst, oder Dich an ein unangenehmes Detail aus Deiner Vergangenheit erinnerst!

Als friedlichen Ausgleich darfst Du abends vor dem Schlafen den Sternenhimmel bewundern. Irgendeiner davon ist Dein persönlicher Stern, welcher wohl?

Atme den Duft des Sommers! Halte die Freude fest!

10. August

Konntest Du Deinen persönlichen Stern entdecken? Wirklich?! Es gibt so unendliche viele Himmelskörper, so weit entfernt, so schwer zu unterscheiden, oft kaum oder gar nicht sichtbar! Und einer davon bist Du, einer bin ich.

Das Gefühl, absolut einzig und einzigartig zu sein, ist unser Geburtsrecht hier auf der Erde.

Der damit verknüpfte Anspruch, dass alle anderen dies bitteschön erkennen und respektieren mögen, entspringt unserem Ego.

Dass wir tatsächlich beim Namen genannt wurden und einen wunderbaren Teil des Großen Ganzen darstellen, ist göttliches Versprechen und wird durch die allumfassende Liebe täglich eingelöst.

So symbolisiert jeder einzelne dieser abertausend Sterne einen kleinen Ausschnitt Deines Seins. Was wir beim Stör lernen dürfen, ist die Demut vor dem Anderssein der anderen und die Erkenntnis, dass keine/r je getrennt von mir existiert.

Das zu akzeptieren kann ganz schön wehtun! Hol Dir Deine gestrige Liste und vergleiche sie bitte mit der Meinigen! Vielleicht können wir uns gegenseitig austauschen und ergänzen.

Ich habe bislang folgende Emotionen notiert: *Angst, Einsamkeit, Gekränkt sein, Neid, Eifersucht, Wut und Zorn.* Wenn ich tiefer grabe, entdecke ich noch weitaus Unangenehmeres: *Hass, Stolz, Überheblichkeit, Gewalttätigkeit, Verachtung, Schuldgefühle, Überforderung und Ohnmacht.*

Merkst Du, wie sich unser Ego listig hinter der großen Menge an Angeboten zu verstecken beginnt? *„Schließlich hat jeder seine schwarzen Flecken!" „Keiner ist vollkommen." „Im Vergleich zu den anderen steh ich noch ganz gut da!"*

Stellen wir uns also bis morgen der Herausforderung! Hole Dir Kraft beim Donnervogel, Unterscheidungsfähigkeit beim Stör und das tröstende Versprechen der Himbeere, um Deine Wahrheit zu erkennen!

Wähle unter all den gesammelten Eigenschaften diejenige aus, für die Du Dich derzeit am meisten schämst! *Welche Emotion stört Dich an anderen Menschen so sehr, dass Du sie auf keinen Fall selbst besitzen möchtest? Was soll keiner über Dich wissen? Was ist so schlimm, dass Du es nicht mal selbst erkennen möchtest?*

Erinnere Dich an die Sterne! Du darfst auch im Dunkeln Dein Licht anzünden!

Donnervogel: ©Verena Gerloff   Stör: Public Domain

blühende Himbeere

11. August

Hast Du tatsächlich in Dir ein Gefühl entdeckt, das Du am liebsten totschweigen würdest? Gratuliere, das war sehr mutig! Denn es gibt so viel Angenehmeres zu sehen und zu hören, dass wir oft ein ganzes Leben lang brauchen, um dahin zu kommen, wo Du gerade stehst: sozusagen am eigenen Abgrund, an der Müllhalde, wo wir unsere Altlasten entsorgt und dann einfach vergessen haben.

Da ist es nur ein kleiner Trost – oder doch eher ein ganz gewaltiger? – dass uns der Stör anführt, der in den „Schlammgründen" so gut Bescheid weiß.

Erinnere Dich! Bei unserem Versöhnungsritual sind wir in glutheißer Sonne nackt vor Shawnodese gestanden. Heute stehst Du nackt und schutzlos vor Dir selbst, heute erblickst Du Dich im Spiegel Deiner Seele.

Doch begreife: In diesem Spiegel siehst Du Dich GANZ! Wir werden jetzt gar nicht erst anfangen, die Tatsachen zu be-schön-igen. Versteckte Emotionen sind ein Pulverfass und gefährden unser Zusammenleben.

Im Verein mit der allumfassenden Liebe, die Dein Wesen erfüllt, kann das Dunkle transformiert und ans Licht gebracht werden. So entsteht Heilung auf allen Ebenen und zum Wohle der Gesamtheit.

Du kennst den Schritt. Verneige Dich vor Deinem SO-SEIN, vor Deinen Fehlern, vor Deiner Schuld und VERSÖHNE DICH! Vergib Dir, was war! Klag Dich nicht länger an! Gewinne Gutes aus dem vermeintlich Schlechten!

Lass Dich bei Deiner Versöhnung mit Dir selbst vom Rosenquarz unterstützen! Sicher findest Du diesen heilenden Stein bei Dir zu Hause oder bei einem Deiner Freunde.

Betrachte das sanfte Rosa und nimm die Zärtlichkeit dieser Farbe tief in Dein verwundetes Herz! Hier sitzt der ganze Schmerz von Versagen und Unvermögen, von Ohnmacht und Verlorensein. Du weißt es längst: Liebe ist stärker als der Tod! Halte nicht fest am Alten! Liebe löst alles auf, was nicht aus allumfassender Liebe besteht. Lass es geschehen: HEUTE!
Erlösung ist eine unumstößliche Tatsache! Nimm das Geschenk an!

Erspüre mit allen Sinnen das Geschenk der Dankbarkeit!

12. August

Trägst Du den Rosenquarz bei Dir? Bitte umgib Dich so lange mit seiner heilenden rosa Farbe, bis Du Dein Herz ganz auftanken konntest mit der Schwingung von Freundlichkeit, Dankbarkeit und wahrer Liebe! Dieser Heilstein erfüllt Dich und Deine Wohnräume mit so starken, harmonischen Energien, dass sogar elektromagnetische Strahlen keine Chance haben. Er hilft Dir, Deine seelischen Verletzungen auszuheilen und schenkt Dir fantasievolle schöpferische Gedanken.

Das wollen wir jetzt sofort ausprobieren! Belastende Gefühle wirken immer in einer Richtung destruktiv und schwächend. Angst, Ohnmacht oder Gekränkt sein richten ihre verletzenden Pfeile nach innen und machen Dich zum Opfer irgendwelcher Umstände. Wut, Verachtung oder Eifersucht zielen gegen Deine Mitmenschen und Du übernimmst die Rolle des Angreifers.

Auf welcher Seite stehst Du gerade? Bist Du Opfer oder Täter? Benenne die Emotion, die Du bearbeiten möchtest, so genau wie möglich! Mache Dir bewusst, in welcher Richtung Du Deine Pfeile abschießt!

Nun schließe die Augen und lege den Rosenquarz auf Dein Herz! Sieh zu, wie das Rosa dieses wunderschönen Steines sich in Deinem Herzen ausbreitet! Die Wellen der Liebe schwingen weiter und umhüllen Deinen ganzen Körper. Unaufhaltsam dehnen sie sich weiter aus und fließen nun zu dem anderen Menschen, mit dem Du aufgrund Deiner Emotion verknüpft bist. Sei er nun Opfer oder Täter, für die Energie der Liebe macht dies keinen Unterschied. Die Wellen der Liebe verbinden euch beide und fließen unaufhörlich hin und her.

Wenn Du so erfüllt bist, dass Du nur noch Liebe fühlst, sende dem/r anderen einen freundlichen, versöhnlichen Gedanken!

Was lehrt Dich die empfundene Emotion? Hilft sie Dir als dem Opfer, Deine innere Macht zu mobilisieren und stärker zu werden? Oder zeigt sie Dir als dem Täter, dass Du im Begriff bist, alte Kränkungen weiterzugeben?

Lass Deine Fantasie Purzelbäume schlagen! Male Dein Leben mit bunteren Farben!

13. August

Sicher bist Du schon ganz erfüllt von den guten Einfällen, die Dir helfen sollen, Dein Leben von nun an erfreulicher zu gestalten. Lass Dich bei Deiner positiven Entwicklung noch eine Weile vom Rosenquarz begleiten!

Echte Heilung geschieht immer vom eigenen Herzen aus. Schenke Deinem inneren Kind, das sich hier all die Jahre versteckt halten musste, soviel an Zärtlichkeit und Geduld, dass es in Dir wachsen und reifen kann! Wie eine schützende Mutter darfst Du es halten und wiegen, gibst Du ihm Nahrung und schenkst ihm Geborgenheit. Höre auf die inneren Wünsche, die auftauchen! Du bist groß und stark, und längst nicht mehr abhängig. Da Du kraftvoll auf beiden Beinen im Leben stehst, erschaffst Du Dir selbst Zufriedenheit im jetzigen Augenblick!
Stopp! Lausche in Dich hinein! Fühlst Du einen Widerstand, hörst Du Einwände? Was sich hier aufbäumt und Dir klagend die Ohren vollplappert, ist nur Dein Ego! Wehre Dich nicht gegen diese einnehmende Persönlichkeit, die Dir schon immer das Leben „zur Hölle“ gemacht hat! Dein Ego-Anteil vertritt Dich nach außen, macht Dich sichtbar und lässt Dich im bunten Reigen der anderen Egos munter mitspielen. Warum ihm also böse sein?!

Trete lachend ein in den Tanz des Lebens, nimm Dein Ego um die Mitte und nenn es beim Namen! „Schatz, Du meinst es wunderbar, aber Du täuschst Dich! Du warst meine Vergangenheit, Du bildest Dir ein, meine Zukunft zu sein. Aber HIER und JETZT existiere ausschließlich ICH, mein göttliches Selbst!“
Indem Du Dich so bewusst Deinem Ego hingibst, löst es sich auf, ohne Murren, ohne Ver-ZWEI -flung.

Beobachte Dein inneres Kind, wie es in diesem neuen Wissen erstarkt und wächst!
Genieße heute Dein Selbstbewusstsein und Deine Entscheidungskraft!

14. August

Hast Du Dein Ego in Würde verabschiedet? Du verdankst ihm viele schöne, abwechslungsreiche Stunden. Aber letztendlich hat es Dir mehr Leid gebracht, als Dir gut tut. Hab von nun an Verständnis mit Dir selbst, wenn Du wieder mal in die alten Fallen tappst! Und zeige ein ganzes Meer an Verständnis für Deine Mitmenschen, die ihr eigenes Ego noch immer für ECHT halten!

Von jetzt an fällt Dir der Akt der Versöhnung um ein Vielfaches leichter. Egal was Dich aus Deiner Mitte bringen will, Du erkennst sofort die alten überholten Ego-Spiele! Je mehr Du Dich von Deinen Mitmenschen innerlich getrennt fühlst, je lauter Du Anklage erhebst, je unverständlicher Dir ihr Verhalten erscheint, desto aufgeregter ist wieder einmal Dein Ego am Werk. Begrüße es freundlich und verständnisvoll, klopf ihm auf die Schulter und dann lass es gehen! Versöhne Dich mit Dir und Deinen Schwächen! So wird aus dem Fehler von gestern die Stärke von heute.

Um diese Erkenntnis zu festigen, begib Dich bitte auf einen kleinen Streifzug durch die Natur! Dein Suchobjekt ist die Hainbuche. Häufig findet sie Einsatz als unverwüstliche Gartenhecke. Doch freistehend wird sie gut 20 Meter hoch. Jetzt im Sommer sind ihre Blütenkätzchen zu auffallenden geflügelten Fruchtständen herangereift, die einladend von den Zweigen hängen.

Bitte notiere im Lernheft die Information der Bach-Blütenessenz Hornbeam:

Jetzt, wo ich ganz in meiner Mitte bin,
kann ich tatkräftig und entschlossen handeln.
Ich fühle mich an Leib und Seele gestärkt
und bewältige so meinen Alltag mit Leichtigkeit.

Ich wünsche Dir einen echt starken Tag!

15. August

Wenn Du Dich mit der Hainbuche näher beschäftigt hast, vielleicht sogar begonnen hast, die Essenz Hornbeam einzunehmen, wirst Du schnell merken, um wie vieles es Dir leichter fällt, Dich den Herausforderungen des Tages zu stellen.

Immer besser erkennst Du, was Dich bisher lähmte und verhindert hat, Deine Wünsche und Ziele zu verwirklichen. Allmählich wird es Dir zur Selbstverständlichkeit, Deinem inneren Kind die nötige Fürsorge zukommen zu lassen. Dein äußeres Erscheinungsbild und Deine Wirkmöglichkeiten hängen entscheidend davon ab, dass Du Dich innerlich GANZ fühlst und stets aus Deiner Mitte heraus handelst.

Bitte betrachte einen Moment lang das Kinderbild der ersten Chakren-Station in Anhang 1 (S.129)! Sicher existiert das eine oder andere Foto aus Deinem ersten Lebensjahr, wo Du genauso entspannt und zufrieden anzutreffen bist.

Diesen einen wunderbaren heilen Moment gilt es im jetzigen Augenblick mit allen Sinnen zu spüren. Du bist eins mit allem, bestens versorgt, am richtigen Platz!

Vielleicht hast Du einen Granat zur Hand. Ansonsten betrachte ihn in einer Auslage oder auf einem Bild! Sauge die tiefrote Farbe in Dich ein und fülle Dein Wurzelchakra damit aus, bis Du regelrecht das Vibrieren dieser heilenden Energie in Dir spüren kannst! Danach schließe die Augen und lege den Stein auf Dein zweites Chakra oder visualisiere, wie die rote Farbe das gesamte Zentrum Deiner Sexualität durchdringt und belebt!

Der Granat schenkt Dir das Selbstvertrauen und die Willenskraft, Dich Deinen Mitmenschen in Deiner vollen Schönheit und dem ganzen Schmelz Deines Wesens zu offenbaren.

Wem in Deinem nahen oder weiteren Umfeld möchtest Du Deine aufsteigende Kraft schenken?

Alle Liebe dieser Welt bis morgen!

16. August

Hast Du durch den Granat einen besonderen Zugang zu Deiner Liebesfähigkeit gefunden, der Dir neu und leicht erscheint? Kannst Du die wärmende Ausstrahlung genießen, die von Dir ausgeht und Deine Mitmenschen mit ungewohnter Herzlichkeit und Zärtlichkeit umfängt?! Wie schön für Dich und alle, die Dir heute nahe sein dürfen!

Bestimmt hast Du Dir gestern liebevolle Gedanken gemacht über die Weggefährten, die Dir im Leben am nächsten stehen. Je ehrlicher Du Dich betrachtest, je mehr Du dem Hüter des Sommers Dein Vertrauen schenkst, je unbefangener Du Dich in Deiner Nacktheit zeigen kannst, umso näher trittst Du dem Menschen, den Du von ganzem Herzen liebst.

Shawnodese und Stör sind verlässliche, würdige Ansprechpartner in allen Fragen der Sexualität. Körperliche Nähe gelingt am leichtesten, wenn Du Dich frei und sicher zugleich fühlst.

Forsche gründlich in Deiner Vergangenheit, ob schmerzhafte Erfahrungen, Kritik und Unverständnis, Verbote oder fehlgeleitete Vorbilder Dich noch heute bei der Ausübung und dem freudvollen Genuss Deiner sexuellen Identität behindern! Wenn ja, gehe in diesem wichtigen Lebensbereich wieder die drei Schritte von Vergebung, Verzeihen und Versöhnung! Du kannst ALLES am Medizinrad bearbeiten, Du kannst ALLES bekommen, wenn Du bereit bist, Dich und die Vergangenheit wirklich hinzugeben!

Genieße, wenn Du magst, die körperliche Lust des Nacktseins in Dampfbad, Sauna oder draußen im sommerlich aufgewärmten See! Berühre den Körper Deines/r Geliebten mit der Feinheit Deines Herzens in dem liebevollen Bewusstsein, dass dieser Mensch das Schönste und Vollkommenste ist, was je erschaffen wurde!

Erkenne Deine eigene Schönheit!

17. August

Spürst Du, wie der Granat Dein Herz öffnet für Dich und die Menschen, die Du liebst?! Dieses Gefühl der Hingabe kannst Du jederzeit abrufen, sogar in Zeiten, wo Du alleine lebst.

Immer, wenn Deine Leidenschaft über Dich hinausreicht und andere Wesen einbezieht, seien es Menschen, Tiere oder Pflanzen, kannst Du hier auf der Erde das Maß an Liebe vermehren und dadurch am allgemeinen Heilungsprozess teilnehmen. Sobald Du für irgendetwas oder irgendjemanden Verantwortung übernimmst und Dir Deine Bindungsfähigkeit bewusst machst, wirst Du Freude und Zufriedenheit erfahren.

Bleib nicht verstrickt in der Enge von Verzweiflung und Vorwürfen! Nimm Dein Leben selbst in die Hand! Lerne täglich ein wenig mehr, in Dir zu ruhen und aus Deiner Mitte heraus zu entscheiden!

Dazu musst Du stark sein wie Eisen! Auf der Stör-Position ist dieses Metall von wichtiger Bedeutung. Berühre einen der kunstvoll geschmiedeten Gegenstände oder ein liebevoll hergestelltes Schmuckstück, die oft auf eine lange Geschichte zurückschauen können! Du kannst vom Eisen lernen, so hart zu sein und doch so anpassungsfähig, dass der Betrachter ins Staunen gerät.

Um Metall zu schmieden, bedarf es großer Hitze und Anstrengung. Der Stör lehrt Dich, wie ein Kunstwerk daraus entsteht.

Verbinde die Elemente Feuer und Wasser! Lass Deinen Gefühlen nicht einfach freien Lauf! Unterwirf Dich nicht den momentanen sprunghaften Körperreaktionen auf Reize, die von außen auf Dich eindringen! Sei Dir Deiner inwendigen Macht bewusst!

Vor einer Woche hast Du begonnen, Deine Emotionen genauer zu überwachen. Bitte registriere bis morgen die Fortschritte, die Du bereits gemacht hast!

Genieße jetzt Dein Gefühl von Freiheit und Selbstbestimmtheit!

18. August

Bravo, dass Du bis hierher so eifrig am Ball geblieben bist! Der Rosenquarz hat ein Meer an Zärtlichkeit und schöpferische Fähigkeiten in Dir freigelegt. Durch den Granat sind Dir Herzensstärke und Willenskraft bewusst und verfügbar geworden. Und nun hast Du Dir zu guter Letzt eine kunstvolle eiserne Rüstung geschmiedet. So bist Du bestens gewappnet, den versprengten Rest an Emotionen aufzuspüren, die im Hinterhalt lauern, um Dir das Leben vielleicht doch noch schwer zu machen.

Viele gegen Dich selbst gerichtete Gefühle könnten wir mit dem Oberbegriff „Angst" umschreiben. Egal ob Dir diese kraftzehrende Empfindung dauernd, nur ab und an oder gar nicht bewusst ist, sie ist bei jedem von uns allgegenwärtig. Warum? Weil sie uns „vor Schlimmerem" bewahrt und einen natürlichen Schutz darstellt.

Der erste Schritt besteht also wieder einmal darin, die Maske zu lüften und der Angst offen ins Antlitz zu sehen. Wenn Du erst mal erkennst, mit wem Du es zu tun hast, nämlich mit einem hilfreichen, wunderbaren Gegenüber, wirst Du den zweiten Schritt der Dankbarkeit ganz automatisch vollziehen wollen.

Deine Aufgabe bis morgen lautet, eine ehrliche und vollständige Bestandsaufnahme zu machen – schriftlich!!

Bitte notiere alle Deine Ängste, spüre in Dich hinein! Sobald unangenehme Empfindungen aufsteigen, gehe ihnen wirklich auf den Grund! Wie oft findest Du unter der Oberfläche die Vorahnung eines baldigen Unheils, die Verunsicherung, es nicht schaffen zu können, den Schrecken vergangener Ereignisse?!

Frage Dich:

Welche Menschen machen mir Angst?
Was an ihnen löst die Angst in mir aus: die Stimme? die Größe? ein besonderes Merkmal? eine Erinnerung?
In welchen Situationen fühle ich mich unsicher? Was genau glaube ich tun zu müssen, nicht zu können, nicht zu dürfen?
Welche Fähigkeiten fehlen mir, dass ich jetzt mit Angst reagiere?

Wenn Du alles aufgeschrieben hast, setze Dich einen Moment still hin und horche in Dich hinein! Was will Dir Deine Freundin, die Angst, eigentlich mitteilen?

Wovor will sie Dich schützen?
Ist sie wirklich nötig oder schaut Dein inneres Kind gerade durch ein überdimensionales Vergrößerungsglas?

Begegne Deinen Ängsten mit Verständnis und Wohlwollen!

19. August

Hast Du Dir gestern ehrlich Rechenschaft gegeben? Konntest Du Deiner Angst begegnen wie einer wohlmeinenden Freundin oder Schwester?

Sicher, ich kenne das Ausmaß an Ängsten, für die wir keine Ursachen zu finden vermögen, die uns überschwemmen und unseren Körper in Besitz nehmen, denen wir hilflos ausgeliefert scheinen, bei denen wir ärztliche oder therapeutische Begleitung unbedingt benötigen. Auch lassen sich tiefgreifende Erkrankungen oder traumatische Ereignisse am Medizinrad nicht in einem einzigen Schritt lösen. Oft braucht es eine oder sogar mehrere Umrundungen des heilenden Kreises, um ein Problem durchgängig zu bewältigen.

Doch eines können wir hier beim Stör in jedem Fall lernen: Eine Rüstung zu tragen bedeutet nicht, zu kämpfen! Sie vermittelt uns Sicherheit und lehrt uns, dass unser Höheres Selbst unbesiegbar ist, nicht mehr und nicht weniger. Du befindest Dich nicht auf dem Kriegsschauplatz! Nimm Deine Angst an, gib Dich der Empfindung ganz hin, die Dich erfasst hat, beobachte sie liebevoll. Begrüße sie in jedem Teil Deines Körpers, wo Du sie wahrnimmst, nimm sie mitten in Dein liebendes Herz! So kann die Angst sich verabschieden und auflösen.

Betrachte heute die Zeder, diesen aufragenden blaugrünen Nadelbaum, dessen Kernöl zu den begehrtesten der Welt zählt! Die Zeder erinnert Dich an die Lärche, trägt aber immergrüne Nadeln wie eine Kiefer. Setze ihre Botschaft gegen Deine aufsteigenden Ängste!
Tief in mir ist die Quelle meiner Kraft.
Hier finde ich die Ruhe und Beständigkeit,
um meine Ängste zu überwinden und Liebe strömen zu lassen.
Spirituell geschützt erkenne ich die positiven Lösungen.

Vielleicht findest Du eine Zeder in Deiner nahen Umgebung. Ansonsten pflanze sie vor Deinem inneren Auge! Berühre liebevoll ihre Nadeln und aufrechtstehenden Zapfen!

Begib Dich in die heilende Stille des Seins!

20. August

Die Zeder teilt ihre heilende Energie auch über weite Entfernungen mit uns Menschen. Mache Dir bewusst, dass ihre ältesten, Ehrfurcht gebietenden Exemplare in den Weiten Russlands und im Himalaja zu finden sind. Spüre die weltumspannende Verbindung des Medizinrades!

Doch selbst die großartigsten Naturwunder, die uns mit ihren Kräften so sehr beeindrucken, sind nur ein kleiner Abglanz der Mächte, die unsichtbar auf uns einwirken.

Nutze die letzten Tage der Stör-Position, um mit Deinen Schutz- und Helferengeln Verbindung aufzunehmen und ihre Unterstützung zu erbitten!
Jetzt, wo Du Dich bereitgemacht hast, Dich Deinen tiefsten Ängsten zu stellen, werden Kräfte frei, die es zu lenken und zum GUTEN einzusetzen gilt. Du bist Dir Deiner eigenen Macht bewusst geworden.

Bei genauem Hinhören wirst Du merken, wie eine bisher verborgen gebliebene Stimme zu sprechen beginnt: der schwer bezähmbare „zornige" Anteil Deiner Person. Du wirst Dich nun öfter in Situationen, wo Du Dich quasi als unschuldiges Opfer eingestuft hast, als den eigentlichen Täter identifizieren müssen. Das tut wirklich weh!! Aber um ganz in die innere Mitte zu gelangen, ist es nötig, genau hinzusehen.

Bitte beantworte bis morgen tapfer die folgenden Fragen!

Welche Personen, welche Situationen machen Dich wütend?
An welchen Signalen kannst Du Deinen Zorn und Deine Wut schon in ihren Anfängen erkennen?
Mit welchen Techniken überspielst Du vor Dir selbst, und wie vor den anderen, dass Du in Wirklichkeit ungehalten oder wütend bist?

Bitte überlege zum Schluss, inwiefern Deine zornigen Reaktionen (dazu zählen auch die stummen Vorwürfe, die Verbitterung, der rachsüchtige Gedanke, die üble Nachrede) in ihrem tiefsten Kern etwas Gutes bewirken möchten! Denn schließlich ist jeder Deiner Innenanteile eine Facette Deiner liebevollen, von Gott geschaffenen vollkommenen Persönlichkeit.

Entscheidend ist immer, was Du daraus machst!

Einen energievollen Tag bis morgen!

Die gelbe Göttin
©Franz Entter

21. August

Bist Du fündig geworden? Sei nicht traurig, wenn Du einen hohen Anteil sog. „krimineller" Energie in Dir entdeckt hast! Wie bereits gesagt, sie ist ein wichtiger Teil Deiner inneren Kraft, und ohne sie könntest Du praktisch nichts bewerkstelligen, zumindest hier auf der Erde.

Woher rührt dieser heftige Zorn, und vor allem, worin besteht sein Nutzen? Offensichtlich verhält sich Dein Gegenüber – manchmal auch Du selbst – anders, als es Deinen eigenen Vorstellungen und Grundsätzen entspricht. Vielleicht versuchst Du Dich so vehement zu wehren, weil Du diese Andersartigkeit nicht zu ertragen vermagst.

Beobachte Dich am Medizinrad!
Wie geht es Dir mit einem Menschen, gegen den Du einen Groll hegst, wenn er Dir gegenübersteht? Würdest Du ihn nicht am liebsten aus Deinem Sichtfeld entfernen?

In diesem vollkommenen Kreis ist dies aber nicht möglich, denn hier hat jeder seinen ihm zustehenden Platz. Du kannst niemanden entfernen oder mit dem Gesicht nach außen drehen, um ihn nicht mehr sehen zu müssen. Einzige Lösung, Du müsstest das Rad selbst verlassen, und damit gibst Du Dich selber auf, denn jede Position stellt einen Deiner Persönlichkeitsanteile dar.

Betrachte den anderen oder die Situation, die Dir so sehr zusetzt, als den heilsamen Hinweis, dass sich hier genau der Teil von Dir zeigt, der Dir zu Deinem Gleich-Gewicht fehlt! Du weißt, wie man dies nennt: Versöhnung!!!

Als rettenden Anker findest Du in der Position des Störs eine unscheinbar am Wegesrand stehende, aber aromatisch duftende Pflanze, die Hundskamille. Die kalifornische Essenz Chamomile schenkt Dir die Lösungsbotschaft:

Wenn Du sehr stark mit Deinen heftigen Gefühlen zu kämpfen hast, kannst Du die Essenz natürlich auch Deinem Badewasser hinzufügen oder einnehmen.

Suche heute die Stille, die Zeit zwischen dem Klang der Worte, die Lautlosigkeit, wenn kein Vogel pfeift, keine Biene summt!

Atme die völlige Ruhe!

Kamille

22. August

Bist Du in die Stille gelangt, jenseits von Ängsten und gewaltsamem Sich Aufbäumen? Auch diese absolute Lautlosigkeit ist eine besondere Qualität des Sommers. Jenseits von Fragen und Auseinandersetzungen hast Du zu Dir selbst, in Deine Mitte gefunden.

Hier gibt es keine Vorwürfe an die Mitmenschen, an das Schicksal, auch nicht gegen Dich selbst. Die Beeren sind unter der Sonne gereift, zur Süße gelangt und vermögen zu nähren.

Nimm diese Zeit des Störs, die heute zu Ende geht, als ein kostbares Geschenk und als Sprungbrett in eine neue Lebensqualität, die Du Dir mutig erarbeitet hast. Danke allen Symbolkräften, die Dich auf diesem Weg so liebevoll vorangeführt haben!

Erfülle den Auftrag, Deine Fähigkeiten mit anderen zu teilen und denen ein Vorbild zu sein, die auf der Suche sind! Gehe entschlossen weiter voran immer im Blick auf die GUTE positive Lösung!

Lass Dir vom Essigbaum mit seinen roten aufstrebenden Kerzen ein letztes Mal die Botschaft des zweiten Sommermondes ins Herz schreiben:

Ich finde zu der mir ureigenen Kraft und Stärke.
Dankbar erkenne ich meine Talente,
entwickle meine Fähigkeiten
und übernehme selbstbewusst
die mir im Leben zugedachte Rolle.

Es ist nicht bloß erlaubt, sondern zutiefst heilsam für Dich, wenn Du Dir Deine wunderbaren Gaben täglich bewusst machst. Genieße diesen besonderen Reichtum! Nichts bewahrt Dich leichter davor, andere abfällig zu betrachten! Nichts führt Dich auf so einfache Weise dahin, die Fortschritte und die Würde Deiner Mitmenschen zu ehren. Erkenne, wer Du bist!

Gehe dankbar und im tiefen Vertrauen den Schritt zur nächsten Monatsposition!

Braunbär

Verlässliche Ordnung

Gelassenheit Urteilskraft Tapferkeit

Du schenkst uns Stärke

Gerecht

Die Lernthemen

Der Sommer ist die Zeit der Beständigkeit.
Bringe Gelassenheit in Deinen Alltag!

Der Sommer ist die Zeit der Ernte.
Mache Dir dankbar bewusst, was Du bereits erreicht hast!

Der Sommer ist die Zeit der Liebe.
Öffne Dein Herz
für die Menschen, die Natur und alle Gegenstände,
denen Du Deine Aufmerksamkeit schenkst!

Der Sommer ist die Zeit der Fülle.
Teile freigebig Deine Schätze!

Braunbär
CC-BY-SA-3.0 I. Modzzak

Waldrebe = Clematis   Crab apple = Holzapfel   Veilchen = Violet
Public Domain Leo Michels Public Domain Courtesy

Oreganum   Mais = Corn   Mais
                            männliche Blüte   weibliche Blüte

Dinkel

Esche

Mirabelle

Kirschpflaume = Cherry Plum

Amethyst

Fleischachat

Streifenachat

Friedensachat

grüner u. blauer Achat

Turitella-Achat

23. August

Leise und ohne größere Aufregung bist Du soeben in den dritten Sommermonat eingetreten.

Erinnerst Du Dich noch an den letzten Frühlingsmond? Damals hat uns die Waldrebe = Bachblüte Clematis aufgerüttelt, unser Denken zu „überdenken" und besser in unseren Alltag zu integrieren.

Jetzt im letzten Sommermond erinnert uns die Clematis ein zweites Mal, innezuhalten. Dank ihrer heilsamen Information fällt uns der Schritt zur Braunbär-Position und die Hinwendung zu unseren Mitmenschen noch leichter:

Ich lerne, ganz im Hier und Jetzt zu sein
und muss Schlimmes, Schmerzhaftes nicht mehr ausblenden.
Wach und aufmerksam nutze ich meine Vorstellungskraft
für den ganz normalen Alltag
und lenke das Interesse
auch auf die Belange meiner Mitmenschen.

Spüre nun genau hin, was sich seit gestern verändert hat! Da Du Dich bereits acht Wochen lang ernsthaft mit Deinen Gefühlen auseinandergesetzt hast, bist Du inzwischen Profi geworden, um auf kleine Feinheiten zu achten.

Bist Du mit Schwung aus dem Bett gestiegen, in großer Eile ins Bad gespurtet? Oder lässt sich heute alles ein wenig bedächtiger an?

Immerhin befinden wir uns momentan in einem Zeitelement, das der Schildkröte zugeordnet ist. Nimm Dir die Gelegenheit für eine kleine Rückerinnerung! Du hast diese ruhige, beharrliche Energie bereits zweimal durchschritten: im Winter in Begleitung der Schneegans, im Frühling zusammen mit dem Biber. Du weißt also bereits recht gut, was Dich erwartet. Willkommen zu Hause!

Die Tage der anfeuernden Betriebsamkeit sind rasch vorbeigegangen. Beim Stör konntest Du Deine Sinne voll auftanken und Deinen Willen schärfen. Von nun an werden keine Pfeile mehr verschossen.

Du darfst es Dir so richtig gemütlich machen. Und weil wir uns immer noch mitten im Sommer befinden, wo sich alles um unsere Gefühle dreht, erschaffst Du Dir Dein wundervolles Zuhause symbolisch gesehen auf dem Wasser.

Male Dir also bis morgen ein Hausboot ganz nach Deinen Wünschen und Träumen! Statte es aus mit allem Komfort - halt, halt - der praktischerweise auf so engem Raum Platz findet! Lass in Gedanken die Menschen und Tiere mit einsteigen, die Du auf Deiner Lebensreise dabeihaben möchtest!

Es wäre bestimmt anschaulicher, das Bild mit echten Stiften auf Papier zu bringen. Dabei kannst Du gleich Deine momentanen Farbvorlieben beobachten! Denk dran, Du tust es nicht für mich, sondern zu DEINEM BESTEN!

Viel Spaß beim Planen!!

24. August

Liegt Dein Hausboot bereits vor Anker? Ich wette, Du hast es nicht bloß hübsch bunt, sondern v.a. auch zweckmäßig ausgestattet! Betrachte Dein Kunstwerk von allen Seiten! Wie groß ist die Verlockung, sofort einzusteigen und die Welt zu umsegeln?

Achte auf die inneren Einwände! Vor ein paar Tagen noch wärst Du vielleicht noch ohne viele Bedenken an Deck gesprungen, um die Leinen zu lichten. Doch auf einmal gilt es gründlich zu überlegen, abzuwägen, alles perfekt und richtig zu erledigen. Die derzeit herrschende „Schildkröten - Energie" möchte Dich vor unüberlegtem Handeln bewahren.

Das ist sicher GUT so. Denn vor weitreichenden Entscheidungen heißt es nun mal „Klar Schiff" zu machen. Suche Dir also ein bequemes schattiges Plätzchen und lass Deine Gedanken schweifen!

Du stehst vor einer Abfahrt, hast gründlich gepackt und bist – zugegeben gezwungenermaßen – bereit, allen überflüssigen Ballast zurückzulassen. Was Dir wirklich wichtig ist, hast Du gut und sicher verstaut. Deine Mannschaft ist bereits an Bord gegangen.

Frage Dich: *Wo hängt es noch fest?*
Habe ich im Winter nicht genügend losgelassen? Sollte ich mal kurz bei der Schneegans - Position vorbeischauen, um aufzuräumen?
Spielen mir meine alten, ver-rückten Gedankenmuster einen Streich und ich bräuchte eine Nachhilfestunde bei Otter, Biber und Co.?
Oder fällt es mir einfach schwer, mich von der gewohnten Umgebung und den vertrauten Menschen zu verabschieden, die ich nicht mehr unterbringen konnte?

Ich weiß ja, wie sehr wir alle das Vertraute lieben. Betrachte deshalb heute auf dem Nachhauseweg die Natur, erfreue Dich an jedem Detail und erinnere Dich gleichzeitig daran, dass in einem Monat der Herbst beginnt! Ist das eine nervtötende Aufgabe? Ja, vielleicht …

Einen spannenden Tag bis morgen!

25. August

Sicher hast Du es gestern genossen, wie schön der Sommer ist: die laue Luft, die wärmende Sonne, die üppigen Beerensträucher, die Obstbäume dicht behangen mit den saftigen Früchten! Welch ein Paradies!

Freilich gab es nicht zu übersehen, dass die Nacht kühl und der Morgen nebelig war. Die Sonne hat sich am Abend überraschend schnell verabschiedet und ist unübersehbar rückläufig. Am Morgen bleibt es schon wieder länger dunkel, als uns lieb ist. Spürst Du die Wehmut der kürzer werdenden Tage?

Anscheinend haben wir noch immer nicht verinnerlicht, wirklich im Hier und Jetzt zu verweilen. Wir vergleichen, ziehen Schlüsse, sehen besorgt in die Zukunft, kurzum, wir halten an unseren Erwartungen fest.

Und was sagt uns die Schildkröte? Gehe Schritt für Schritt gemächlich voran und genieße alles, wie es ist!

Du hast gestern begonnen, das Überflüssige auszusortieren. Stehen noch viele Menschen vor Deinem „Hausboot", die nicht einsteigen können, weil da kein Platz mehr ist? Empfindest Du Schuldgefühle gegenüber den Zurückbleibenden?

Mache Dir bewusst, dass Dich auf der bevorstehenden Reise im südlichen Abschnitt des Medizinrades weiterhin Shawnodese begleitet. Höre das Lachen des Kojoten! Er weiß genau, dass Du niemanden verlieren, niemanden zurücklassen musst – weil das gar nicht möglich ist. Wie Du es auch drehst und wendest, jede Person, die Dir je begegnet ist oder in den Sinn kommt, hat Anteil an Dir!

Bitte beantworte bis morgen die einzige, entscheidende Frage: *Gibt es irgendwo auf der Welt, sei es heute oder in der Vergangenheit, einen Menschen, dem ich den Zugang in mein Hausboot verwehren möchte?* Nenne seinen Namen!

Liebevolle Gedanken bis zum morgigen Tag!

26. August

Ist es Dir tatsächlich „gelungen", eine so schmerzliche Erinnerung in diese Zeit der Beständigkeit herüber zu schmuggeln, dass Du den Namen eines „Feindes" zu benennen vermagst? Ja, so sind wir „Schildkröten"-Menschen. Wir halten fest, solange es geht, wenn es auch noch so viel an Kraft und Lebensfreude kostet, sogar wenn wir mit unserer Gesundheit dafür bezahlen müssen.

Mach Dir täglich - sprich HEUTE – bewusst, dass Du im Begriff bist, Pflastersteine mitzuschleppen, die Dein Boot leicht zum Kentern bringen könnten, sobald ein Sturm aufkommt!
Triff JETZT die Entscheidung, Dich zu ent-LAST-en, um frei zu werden! Lass Dir helfen!

Betrachte Dein Bild, das Du am 23. August gemalt hast! Welches ist zurzeit Deine Lieblingsfarbe? Im Anhang 2 findest Du bei den Chakren in der Station „Deiner" Farbe eine Engelsbotschaft, die Dich weiterführen wird. Bitte diesen Engel, Dich bei Deiner Versöhnungsarbeit zu unterstützen! Nur wenn Du Dich von ganzem Herzen bereit erklärst, Frieden zu schließen, kannst Du im Medizinrad voranschreiten.

Oder ist der Sommer mit all seinen Turbulenzen, Durststrecken und Gewittern so verführerisch für Dich, dass Du für immer hier in der Wüste sitzenbleiben möchtest?!
Siehst Du, das ist der Punkt, auf den es ankommt. Wir Menschen neigen zum Klammern und Festhalten, aber vorher sortieren wir genau aus: *meine* Sandschaufel, *mein* Auto, *mein* Geld, aber *Deine* Aufgabe, *Deine* Schuld, *Dein* Pech.

Übe bis morgen, beständig zu sein in Deinen Fortschritten, beständig in Deinem Vertrauen, beständig in Deiner Dankbarkeit!

Ich schicke Dir heute Segens-Wünsche!

27. August

Hast Du gestern „Deinen" Engel um Begleitung gebeten und es Dir GUT - gehen lassen? Wie schön! Solltest Du Dich innerlich noch uneins oder unentschlossen fühlen, was die erbrachte Versöhnungsaufgabe angeht, mach bitte einen kurzen Abstecher zurück zum Stör, um ein wenig nachzuarbeiten!

In der Zwischenzeit holen wir uns zum Festigen und Erden den Helfer ins Boot, der uns am Nächsten steht (leider auch manchmal direkt im Weg!), nämlich unseren Körper.

Wähle aus Deiner Musiksammlung ein Instrumentalstück aus, das Dir gut gefällt und einen möglichst gleichmäßigen Rhythmus aufweist! Es gibt mittlerweile sogar meditative Stücke, die den Herzschlag von Mutter Erde nachahmen. Horche in Dich hinein, was Dich am leichtesten in Deine heilenden Schwingungen bringt!

Nun schließe die Augen, bewege Dich zu DEINER Musik in DEINEM Rhythmus, lass Dich tragen von den sanften gleichmäßigen Tönen!

Das ganze Universum schwingt und erzeugt Klänge. Werde eins mit dieser Musik des Alls, verbinde Dich mit der Erde, die uns alle trägt, mit den Planeten, die uns umkreisen! Singe Dein ureigenes Lied gemeinsam mit der ganzen Schöpfung! Wenn Du voll in der Bewegung bist – mittendrin im Gefühl „Ich werde von der Musik getragen, ich BIN Musik" - BLEIB STEHEN!

Lass die Töne in Dir nachklingen, lass die Bewegung in Dir nachschwingen, bis es ganz still wird in Dir ....

Einen sanften Tag bis morgen!

28. August

Konntest Du Dich gestern mit all Deiner Sinnlichkeit der Musik und dem Tanz hingeben? Spürst Du, wie sehr der Sommer Deine Empfänglichkeit für die Welt der Klänge erweitert hat?

Im Winter haben wir die Wärme und Nähe der Tiere und Menschen genossen. Der Frühling hat unsere Augen geöffnet für die Schönheit der Farben und Formen. Die heißen Monate erfreuen uns mit der Vielfalt der Klangwelten: Summen, Flirren, Rauschen, Quaken, Pfeifen, Dröhnen wechseln sich ab mit der absoluten Stille sonnendurchgleißter Mittagsstunden und sternklarer Nächte.

Jetzt, wo das Erdelement zu tragen begonnen hat, ist der passende Moment gekommen, Musik in Noten zu fassen und zu bewahren, um sie im Spiel und Tanz immer wieder neu zu erschaffen.

Wenn Du Dir heute wieder den Genuss gönnst, zu HÖREN und Dich von dieser Schwingung angeleitet zu bewegen, sollst Du es ALLEIN tun! Nimm Dir eine Person mit in Dein Herz, die diese Freude mit Dir teilt! Bei der Auswahl, die Du nun treffen wirst, gibt Deine Lernbereitschaft den Ton an! Du kannst Dich natürlich von Deinem/r Liebsten begleiten lassen. Du könntest aber auch den Menschen zu Dir einladen, dem Du am weitesten fernstehst ....

Horche in Dein Inneres! Wozu bist Du HEUTE bereit? Schon morgen mag es ganz anders sein, oder übermorgen ..... Sage vielleicht: *Jetzt nicht!* Aber sage nicht: *Niemals!*

Übrigens, wie Du ja schon weißt, ist der Braunbär das Tiertotem des herrschenden Mondes. Wenn Du genug getanzt hast, schick in Gedanken einen lieben Gruß zu den Tanzbären der früheren Zeiten! Lass Dich im Traum von einem echten Bären besuchen!

Lichtvolle Sternengrüße bis morgen!

29. August

Fast bin ich sicher, dass Dich heute Nacht der Braunbär besucht hat!

Um ehrlich zu sein, ich habe lange mit mir gehadert, weil mir gestern im Zusammenhang mit diesem mächtigen Tiersymbol ausgerechnet der Tanzbär in den Sinn kommen musste.

Doch dann bin ich im Traum Shawnodese, dem Kojoten, begegnet, und alles war wieder klar! Nicht von ungefähr konnte es in früheren Zeiten, als es noch keinen rührigen Tierschutz gab, geschehen, dass Menschen ihre scheinbare Macht über die ihnen anvertrauten Geschöpfe derart missbrauchten. Nur dank der ihm eigenen besonderen Würde ergab sich ausgerechnet ein so kraftvolles freies Wesen wie der Bär in diese Position von Unterwerfung und Lächerlichkeit. Denn mit einem einzigen Schlag seiner Pfote hätte er dem grausamen Spiel ein Ende setzen können.

Betrachten wir den tanzenden Bären aus dieser Sicht heraus, begreifen wir die tiefere Natur des Symboles: Wir begegnen einer Qualität von Gelassenheit, Tapferkeit und Sanftheit, aber auch von Neugierde und Lebensfreude.

Bitte beschäftige Dich bis morgen mit der Welt der Bären! Betrachte Bilder, sammle Informationen, erinnere Dich an frühere Beobachtungen und Erlebnisse!

Vielleicht möchtest Du Dich heute wieder zur Musik bewegen?! Wen hast Du gestern zum Tanz eingeladen? Wen hast Du in Dein Herz gelassen?

Begebe Dich in die Haltung der Achtsamkeit! Inwieweit bist Du bereit, dem Bären die Türe zu öffnen? Inwieweit ist er selber bereit, sich Dir zu nähern?

Ich wünsche Dir einen Tag voller Freundschaft!

30. August

Sicher hast Du Dein Wissen über das „echte" Bärenleben sorgsam erweitert. Je mehr Du Bescheid weißt, desto leichter kannst Du Dich Deinem Tiertotem annähern – sollte man meinen!

Also frage ich lieber noch mal anders: Bist Du bereit, mit diesem WILDEN Tier Freundschaft zu schließen? Wie eng ist Deine Beziehung zu diesem furchteinflößenden, manchmal scheinbar nahen, dann wieder völlig unbe-GREIF-lichen Gesellen jenseits der Zivilisation? Was möchtest Du von ihm lernen?

Sortiere schnell im Kopf!
Was gefällt mir am Bären: sein Aussehen? sein weiches Fell? seine Art der Fortbewegung? seine Neugierde? seine Geduld? ......
Was erschreckt mich an ihm: seine Größe? seine Kraft? seine Unberechenbarkeit?........

Jetzt frage ich Dich noch einmal: Was möchtest Du vom Bären lernen? Wie lautet sein Geschenk an Dich?

Wie sehr haben wir uns die ganze Woche lang bemüht, ein Gefühl der Beständigkeit aufrechtzuerhalten, ohne deswegen gleich zu klammern! Der Bär löst dieses Problem auf seine Weise. Er bereitet sich wie selbstverständlich auf den langen Winter vor. Er wird seinen monatelangen Schlaf unterbrechen, wenn ihn die Sonne verlockt. Er erkennt die Signale der Natur und reagiert stets angemessen.

Halte kurz inne! Wie hast Du es mit Deinen eigenen Zielen und Planungen gehalten? Bist Du da, wo Veränderung angesagt war, treu und beständig bei Deinem Vorhaben geblieben? Was ist unter den Tisch gefallen?

Ich sende Dir bärenstarke Grüße!

31. August

Hast Du den Tanz mit dem Bären gewagt? In jedem Fall solltest Du sorgsam auf seine Stimme horchen und seine Botschaften entschlüsseln, wann immer Du Dir eine ruhige Auszeit nimmst!

Wir befinden uns im Mond der Ernte. Die Beeren sind überreif. Alles, was im Herbst in winzigen Knospen angelegt wurde, im Winter geruht hat und im Frühling zur Blüte kam, alles, was aus Samen gekeimt hat, über die langen Monate hin gewachsen und gereift ist, macht sich bereit zu seiner irdischen Vervollkommnung.

Beim gestrigen Betrachten Deiner Pläne und Hoffnungen wirst Du Ähnliches beobachtet haben. Vieles geht gerade in Erfüllung und kommt zu einem würdigen Abschluss. Manches verlangt eine kurzfristige Nachsaat, damit die kräftige Sommersonne doch noch ihr Werk zu vollbringen vermag. Einiges wirst Du zurückstellen müssen, bis Du wieder genügend Kraft aufgetankt hast, um neu zu starten.

Mache heute eine schriftliche Bestandsaufnahme! Frage die verschiedenen Bereiche ab und notiere, ob Du Deine Ziele vollkommen, weitgehend oder noch nicht erreicht hast!

+ sehr zufrieden / 0 mittelmäßig / - starker Übungsbedarf
- Gesundheit:
- Freisein von Zwängen oder Süchten:
- Aussehen, Erscheinung:
- Beruf
- Finanzielles
- Freizeit, Erholung
- eigene Fähigkeiten, Verhalten
- Familie
- Partnerschaft
- Freundeskreis
- Sexualität
- Wohnsituation
- andere Bereiche

Vielleicht ist es Dir ein wenig schwergefallen, all diese Bereiche Deines Lebens zu durchforsten.

Der wildwachsende Holzapfel = Bachblüte Crab Apple hat uns bereits im Winter einmal sehr geholfen, als wir den Weg der Reinigung gegangen sind. Jetzt zum Ausklang des Sommers unterstützt uns diese Blüte ein zweites Mal, unsere kleinen Unvollkommenheiten anzunehmen:

Ich erlebe und akzeptiere mich so,
wie ich geschaffen wurde.
Körperliche Vorgänge und Veränderungen,
besonders auch meine Sexualität,
sind eine wunderbare Möglichkeit,
mich mit meinen erdhaften, gesunden Anteilen zu verbinden.

Ich wünsche Dir Dankbarkeit für alles, was Du bereits erreicht hast!

Holzapfel

1. September

Betrachte Deine Liste! Ich gratuliere Dir zu Deinen bisherigen Erfolgen! Letztendlich können wir auf lange Sicht nur mit der Geduld der Schildkröte wirklich etwas erreichen.

Deshalb ist jetzt eine wunderbare Zeit, um „mit Bärenkräften" auch Dinge anzugehen, die uns bisher besonders schwierig erschienen sind. Dagegen solltest Du im Sommer keine neuen Pläne mehr nachschieben. Es gibt wahrhaftig bereits genug zu tun!

Wähle Dir aus Deiner Liste ein Vorhaben, das Du bisher nicht ganz zufriedenstellend zu Ende gebracht hast! Überprüfe sorgfältig!

Habe ich täglich an mein Ziel gedacht oder es zuweilen aus den Augen verloren?
Wie viel an Körper- und Geisteskraft war ich bisher bereit, einzubringen?
Könnte ich nicht weitaus mehr dafür tun?
Denke ich in Bezug auf mein Thema ausschließlich zuversichtliche, hoffnungsvolle Gedanken?
Und das Wichtigste: Was <u>fühle</u> ich in Bezug auf mein Vorhaben: Begeisterung? Schaffenskraft? Vorfreude?

Lass Dich anstecken von Deinem Freund, dem Braunbären! Bewundere seine Vorzüge und Tugenden! Er wird sie gern und großzügig mit Dir teilen!

Was möchtest Du haben, was brauchst Du JETZT: sein sicheres Urteil? seine kindliche Neugierde? seinen Verstand? seine Gelassenheit?

Ich wünsche Dir die reine Schaffensfreude!!!

2. September

Ist es nicht herrlich, an seine Ziele erinnert zu werden und wieder die genaue Marschrichtung einzuschlagen?!

Zum Glück bist Du nicht allein unterwegs. Der Mond der Ernte erzählt Dir, dass umfangreiche Arbeiten niemals von einem Einzelnen erledigt werden müssen und können. Egal welches Vorhaben Du bewältigen möchtest, es gibt immer Menschen, die den gleichen Weg gehen.

Überwinde Deine Scheu, Deine Zurückhaltung oder auch Deinen Trotz! Du brauchst es nicht allein zu schaffen!
Wen in Deiner nahen oder weiteren Umgebung möchtest Du einbeziehen, evt. um Hilfe bitten? Nütze Deine Chance!

Alle Pflanzen und Heilsteine des neunten Mondes erzählen auf irgendeine Weise von der großen Gemeinschaft aller irdischen Wesen.

Bitte beschäftige Dich bis morgen mit einer für den Erntemond besonders typischen Blume: dem Veilchen! Mag es auch zurzeit nicht blühen, kannst Du doch seine rundlichen Blättchen am Waldrand oder sogar in Deinem Garten entdecken.

Schließe jetzt kurz die Augen und erinnere Dich an die zierlichen blauen Blüten, die Du sicher schon oft mit geradezu kindlicher Freude entdeckt hast! Immer die erste Frage: *Duftet es?* Weißt Du noch, wie es war, niederzuknien, um die blauen Gesichtlein besser begutachten zu können?

Einen zarten sonnendurchwirkten Tag bis morgen!

3. September

Hat Dich die kleine blaue Blume innerlich „berührt"? Vielleicht erfreuen uns die Veilchen deshalb so sehr, weil sie meist schwer zu entdecken sind. Selbst während der Blüte treten sie erst richtig in Erscheinung, wenn sie eine kleine Gruppe gebildet haben. Dagegen ist eine ganze Wiese voller Veilchen ein tatsächlich beeindruckendes Erlebnis.

Um die Heilkraft dieser Pflanze nützen zu können, braucht es viel Sammeleifer! Die Wirkung der Blätter und Blüten des Duftveilchens ist so sanft, dass besonders Kinder bei Atemwegserkrankungen Besserung damit erfahren können. Auch die Wurzeln finden Anwendung in der Kräuterheilkunde.

Je mehr Du bereit bist, Dich auf diese zarte Blume einzulassen, umso besser kann Dein eigenes „inneres" Kind vom Veilchen lernen und profitieren. Die Blütenessenz wird oft auch unter dem Namen Violet angeboten.
Bitte notiere Dir die Information im Lernheft!

Ich entwickle innere Stärke, kann Nähe zulassen
und zeige meine Gefühle auch anderen.
Ich helfe mit, eine gerechte Welt zu schaffen.

Mache Dir bewusst: Du bist nicht allein! Du bist Teil einer großen Gruppe von Menschen, die genauso denken, genauso fühlen, genauso handeln wollen wie Du, selbst wenn Du sie nicht immer sofort wahrnimmst. Dadurch erhältst Du neben Deiner besonderen Individualität eine neue zusätzliche Bedeutung. Mit dieser übergreifenden Qualität kannst Du manches schaffen, was Dir als Einzelwesen niemals möglich wäre.

Einen strahlend blauen Tag bis morgen!

4. September

Sicher hat Dich das Veilchen bereits so inspiriert, dass Dich die Themen Einsamkeit, Ausgrenzung, Zugehörigkeit, Gemeinschaft mehr beschäftigen als sonst. Vielleicht stehen sie sogar auf der Liste der Vorhaben, die Du jetzt im Spätsommer noch in Angriff nehmen wolltest.

Im Mond der Ernte kannst Du Dich und andere dabei beobachten, mit welcher Sorgfalt und Sachkenntnis die gesammelten Früchte begutachtet und aussortiert werden müssen. Ständig fragen wir uns: *Reif genug? Überreif? Genießbar? Wohlschmeckend? Heilsam? Lagerfähig? Welche Teile kann ich verwenden?*

Genauso mache es jetzt bitte bei unserem anstehenden Thema!
Frage Dich:
Welchen Gemeinschaften gehöre ich an: Familie? Schule? Ausbildung? Beruf? Nachbarschaft? Religionsgemeinschaft? Politische Gruppierung?.......
Zu welcher Gruppe möchte ich gerne dazu gehören?
Was hindert mich bislang, mich anzumelden oder mitzumachen?
Welchen Beitrag leiste ich für die jeweilige Gemeinschaft: arbeitsmäßig, zeitlich, finanziell?
Könnte ich mehr tun: mehr Interesse, Begeisterung zeigen? neue Mitglieder anwerben? mich innerlich mehr öffnen, Verständnis aufbringen?

Sei ganz ehrlich zu Dir selber! Du bist ein herrliches, duftendes Veilchen!
Zeigst Du diese wundervolle Qualität? Lässt Du die anderen an Deinen Begabungen teilhaben? Erträgt Dein „inneres Kind", gesehen zu werden, im Mittelpunkt zu stehen, WICHTIG zu sein, dazuzugehören?

Ich wünsche Dir ein strahlendes JA als Antwort!

5. September

Nur eine einzige Frage: Wie geht es Deinem „inneren „Kind?
Ich hoffe, es ist fleißig bei Deinen „Erntemaßnahmen" dabei! Ist gestern Freude bei Dir aufgestiegen, als Du die ganzen Punkte der Reihe nach beantwortet hast? Ein besseres Zeichen gibt es nicht, dass der/die Kleine in Dir tüchtig mitschafft!

So mühevoll der Erntevorgang sein mag, ohne eine gewisse Leichtigkeit geht es nun mal nicht. Schließlich wollen wir nicht schon am Mittag völlig erschöpft und ausgelaugt in den Schatten fliehen und das Vorhaben vorzeitig abbrechen.

Beobachte mal, wie es die Tiere machen! Hast Du jeweils eine ächzende Ameise gesehen oder eine sorgenvolle Biene, die schon zu Tagesbeginn bedrückende Gedanken vor sich herschieben würde? Betrachte die Leichtigkeit dieser eifrigen kleinen Wesen, ihre Hingabe an das Werk, das ihnen vorgezeichnet ist! Schau dem mächtigen Bären zu, wenn er sich Beeren und Honig beschafft, die Eleganz und das Tänzerische seiner Bewegungen!

Lege doch heute wieder einmal Deine Lieblingsmusik ein! Lass Dich vom Rhythmus und der Harmonie des Klanges gefangen nehmen! Nimm den Gedanken an Deine Arbeit mit in den Tanz hinein!

Tanze solange, bis Du spürst, dass die Mühsal, der Schrecken, die Sorge, die Anstrengungen und Enttäuschungen LEICHT werden! Sei Du die Biene, die Ameise, das Eichhörnchen, der Igel! Sei ein Bär, der FREIWILLIG und MÜHELOS sein Schicksal annimmt! Genieße das Selbstverständnis Deines Lebens! GEBE DICH HIN!
Befreie Dich von Deiner Erdenschwere!

Dies ist Dein Geschenk: Du darfst mal so richtig „gedankenlos" sein!

6. September

Bist Du gestern beim Tanzen ein wenig LEICHT-sinnig geworden? Wie schön! Betrachte also mit Deiner neuen Unbekümmertheit die Antworten auf all die Fragen, die Du Dir vorgestern zum Thema Gemeinschaftsfähigkeit und Gemeinsinn gestellt hast! Du wirst feststellen: Je inniger Du Dich Deiner Herkunftsfamilie verbunden fühlst, umso leichter gestalten sich alle weiteren Beziehungen in Deinem Leben.

Schau genau hin: Wo hakt es noch? Was hindert Dich, freudig die Ernte einzufahren, auf die Du Dich so lange vorbereitet hast? Gibt es noch irgendwelche Vorwürfe, Unverzeihliches, geheime Sehnsüchte und unerfüllte Wünsche an Deine Eltern und Geschwister? Versuchst Du noch immer mit vergeblicher „Liebesmüh", was genau genommen heißen muss, mit „sinn-loser" Willensanstrengung, Deine Vergangenheit zu verändern?

Begreife doch: Es wäre tatsächlich SINN-los, denn die Dinge der Vergangenheit haben mit dem HIER und JETZT wirklich gar nichts zu tun! Schließlich möchtest Du Dich HEUTE gut fühlen!

Wir landen immerzu wieder am selben Punkt: LASS das Geschehene LOS! Achte den gegenwärtigen Augenblick!

Wenn Du Liebe säen und ernten möchtest, findet nichts anderes mehr Platz in Dir. Streiche die Worte Groll, Ärger, Schuld, Verzweiflung und vergebliche Hoffnung! Setze dagegen Vertrauen, Gewissheit, Annahme und Hingabe!

Untersuche sorgfältig die Ernte, die Du einbringst: Blüten, Blätter, Stiel und Wurzeln! Was ist davon ist „genießbar" und heilsam für Dich? Alles andere lass stehen!!!

Wenn möglich, gehe in den Garten und ernte ein paar Blättchen Oreganum! Oder öffne den Gewürzschrank! Atme den würzigen Duft des Wilden Majorans tief in Dich ein! Betrachte seine rosafarbenen Blüten! Lass Dich beschenken von der heilenden Kraft der Natur!

Ich wünsche Dir einen SINN-lichen Zugang zu den Heilkräutern, die Dir heute begegnen!

7. September

Vielleicht hast Du gestern Lust bekommen, ein paar Küchenkräuter zu ernten?! Zugegeben, die Auswahl ist bereits viel geringer geworden, aber umso beglückender ist es, noch ein paar der würzigen Gesellen zu erspähen und ihr herrliches Aroma in Suppe oder Salat zu genießen.

Mit dem fortschreitenden Jahr gewinnt das Bewahren und Konservieren an Bedeutung. Wiederum werden wir erinnert, besonders sorgfältig und umsichtig ans Werk zu gehen.

Ein kurzer Blick am Medizinrad wird Dich an die vielen kostbaren Augenblicke erinnern, in denen Du etwas Neues erkannt, etwas Besonderes gespürt, einen Richtungswechsel vollzogen hast. Und was ist davon geblieben? Hast Du das SCHÖNE, das GUTE in Dir gespeichert, lebst Du aus der Kraft des Erworbenen, oder machst Du auf einmal wieder unbeholfene Stolperschritte in Richtung Anklage und Zweifel?
Auch dabei bist Du nicht alleine! Wir alle tappen in die Falle, machen Fehler, lassen die Marmelade überkochen! Wichtig ist es JETZT, sorgfältig vorzugehen: sauber zu arbeiten, das Eingebrachte dicht zu verschließen, das Konservierte aufmerksam zu kontrollieren, damit nichts schimmelt oder gärt!

So, wie der bitterherbe Wilde Majoran Deinem Körper für Kopf, Darm und bei Grippebeschwerden zuträglich sein wird, unterstützt er Dich seelisch, Deine erzielten Fortschritte zu bewahren und nützen.
Notiere die Information der Essenz Oreganum:
Endlich kann ich mich meinen Eltern,
der Natur und meiner Umwelt zugehörig fühlen.
Inmitten einer verlässlichen Ordnung
bin ich stark und tapfer genug,
um für mich und die gerechte Sache einzutreten.

Viel Spaß und Lockerheit beim Einfahren Deiner „Ernte"!

8. September

Wie kommst Du mit Deinen Erntearbeiten voran? Falls Du Dich gerne im Garten oder auf dem Feld betätigst, wirst Du das tiefe Gefühl von Verbundenheit und Dankbarkeit kennen, das sich unweigerlich einstellt, wenn wir uns der Erde und ihren Pflanzen nähern. Hier in der freien Natur fällt es vielleicht leichter als sonst, wirklich BEWUSST und gegenwärtig zu bleiben.

Nütze die Anstrengung, das Gebückt sein und die hohe Konzentration Deines Tuns für Deine Vervollkommnung! Ehre die Geschenke der Erde für Dich und Deine Familie! Geh achtsam und behutsam um mit allem Gewachsenen, sei es nun für Dich „brauchbar" oder eher ein „lästiger Arbeitsbeschaffer". Vielleicht kennst Du nur nicht die Nützlichkeit des Krautes, das Dir gerade im Wege ist! Bedenke die vielen Mitbewohner in Garten und Feld, die ebenso wie Du hier auf der Erde ihr Nischenplätzlein einnehmen möchten und gerade auf die Pflanze angewiesen sind, die Dir im Wege steht.

Sei einfühlsam und gerecht bei allem, was Du tust!
Mache einen schönen Spaziergang oder suche Dir ein stilles Bänklein, um ein wenig nachzudenken!
Welche Blumen und welche Bäume liebe ich am meisten?
Wie beteilige ich mich an der Gesunderhaltung und Wertschätzung
der Natur?
Bevorzuge ich frisches, einheimisches Gemüse oder entscheide ich
mich manchmal/häufig für importierte Waren?
Gehe ich dankbar um mit all den köstlichen Früchten und Gewächsen,
vermeide ich unnötigen Abfall?
Bin ich bereit, für meine Lebensmittel einen gerechten Preis zu zahlen?
Nehme ich mir genügend Zeit bei der Zubereitung oder gebe ich ohne
Not einem raschen Fertigprodukt den Vorzug?

Lass es Dir heute GUT schmecken!

9. September

Sicher hast Du Dir gestern eine Menge Gedanken gemacht! Dies alles sind wichtige Themen, die wir schon längst nicht mehr für uns alleine entscheiden können und dürfen. Als eifrige/r „Medizinradgänger/in" bist Du regelrecht in der Pflicht, mit Deinen Freunden und Bekannten heiße Diskussionen anzustreben. Denn nur GEMEINSAM können wir für die Mutter Erde UND FÜR UNS die Dinge zum GUTEN wenden! Es geht tatsächlich um „politische" Verantwortung!

Manchmal ist es gar nicht so leicht, das Große Ganze im Auge zu behalten. Gerade in einer von der bedächtigen Schildkröte bestimmten Zeitqualität kommen wir etwas schwer in die Gänge. Zu kraftvoll hält uns die eigene Selbstbestimmtheit, die Zentnerlast des erhofften Besitztums zurück vom nötigen „ersten Schritt", geschweige denn von weitreichenden Veränderungen.

Aber nütze wenigstens den Moment, eine innere Bestandsaufnahme zu machen! Bist Du mit allen Antworten, die Du Dir gestern gegeben hast, restlos zufrieden?

Stelle Dir vor, alle Tiere, alle Pflanzen des Medizinrades stehen vor Dir und blicken Dir forschend ins Angesicht! Was werden sie von Dir wissen wollen? Werden sie Dich ihren geliebten Freund, ihre Beschützerin nennen? Wirst Du sie fröhlich willkommen heißen und in Deine Arme schließen? Oder versuchst Du, beschämt zur Seite zu blicken?

Machen wir Schluss mit den trüben Gedanken! Gestatte Dir eine frohe, offene Sichtweise!

Viel Spaß bei einem ausgiebigen Spaziergang!!!

10. September

Hast Du Dir gestern tatsächlich einen längeren Spaziergang gegönnt? Prima, denn eine hilfreichere Vor-gehens-weise gibt es nicht, um mit allen Erdenbewohnern in Kontakt zu kommen. Wir Menschen neigen leider schnell dazu, unser eigenes Wohl über die Bedürfnisse angeblich „niederstehender" Wesen zu stellen. Wie dumm von uns, wo schon der kurze, ungeübte Blick aufs Medizinrad uns die kunstvolle Verflochtenheit des „Lebendigen Seins" aufzeigt. Wenn wir dem Kleinsten schaden, treffen wir unmittelbar uns selber!

Vielleicht bist Du gestern an einem der duftenden Maisfelder vorbeigegangen, die schon fast zur Ernte bereit sind. Hoch aufgerichtet stehen die Pflanzen dicht an dicht. Vergleiche diese Ansammlung einmal mit einer Großstadt, wo die Menschen auch eng aufeinander wohnen!

Atme ein und verbinde Dich mit dem hastigen Treiben, dem Lärm und Gedränge der Menschen! ......

Atme aus und verbinde Dich mit der Stille und der ruhigen Kraft der Pflanzen! .....

Wie weit hat uns unsere hochgelobte Vernunft gebracht?????

In vielen Ländern zählt Mais zu den wichtigsten Grundnahrungsmitteln. Im Medizinrad steht er im Innenkreis als eines der wichtigsten Symbole für die Erde, die Mutter aller hier lebenden Wesen.
Wusstest Du, dass die zartgelben Fäden des Maisgriffels in der Heilkunde als harntreibendes, reinigendes Mittel bei Rheuma, hohem Blutdruck, Übergewicht und Bettnässen eingesetzt werden?

Mache Dir also heute beim Spazierengehen noch inniger als bisher Dein Verbundensein mit den Pflanzen bewusst! Grüße den Mais als eine hilfreiche, freigebige Schwester und berühre die prallen Kolben mit Deinen Händen, wie Du es als Kind getan hast! Erinnere Dich an die ausgelassenen Versteckspiele zwischen den hohen Stängeln, an das Basteln der lustigen Maispuppen mit ihren prächtigen Haaren!

Lass Dich heute ein auf die Heiterkeit der Natur!

11. September

Bist Du heute Nacht auf die Idee gekommen, einen köstlichen Maisfladen zu backen oder Dir in Butter gedünstete Maiskolben schmecken zu lassen? Das würde mich gar nicht wundern, denn die Natur bietet uns ihre Gaben mit unwiderstehlichem Reiz an.

Vielleicht wäre es endlich an der Zeit, unsererseits einen Beitrag zu leisten und die mütterliche Erde für ihre Geschenke zu entlohnen!
Der erste Schritt heißt Dankbarkeit, der zweite Respekt, der dritte Fürsorge.

Bitte überprüfe Deine Einstellungen und Dein bisheriges Verhalten:
Bin ich dankbar für das Essen, das auf meinen Teller kommt? Mäkle ich manchmal herum und stelle überhöhte Anforderungen?
Lege ich Wert auf frisches, ungespritztes, biologisches Obst und Gemüse?
Warum: Nur wegen meiner eigenen Gesundheit? Aus Gründen der Nachhaltigkeit? Aus Fairness gegenüber dem Erzeuger?
Gehe ich mit Nahrungsmitteln achtlos und verschwenderisch um?
Beteilige ich mich im Rahmen meiner Möglichkeiten an der Erhaltung eines natürlichen Gleichgewichtes: im eigenen Garten? beim Naturschutz gemeinsam mit anderen? im politischen Sektor?

Egal, wo Du ansetzen möchtest! Beteilige Dich AKTIV!

Zur Belohnung schenkt Dir die Maispflanze (=kalifornische Blütenessenz Corn) folgende Botschaft:
Voll Liebe und Dankbarkeit verbinde ich mich mit der Erde
und finde Frieden in der Natur.
Ich erlebe meine innere Stärke
durch die Freude am sinnvollen Schaffen und Tätigsein.

Einen schaffensfrohen Tag bis morgen!

12. September

Stimmt, es fühlt sich gut an, ordentlich zuzupacken und seine Kraft spüren zu dürfen! Und was gibt es Schöneres, als nach gelungener Arbeit so richtig erschöpft und durchgeschwitzt die Füße baumeln zu lassen, oder etwa nicht?!

Ob das die Tiere auch brauchen? Eher nicht, denn die kennen keinen Arbeitsstress!

Der Mensch hat die besondere Angewohnheit, alles so sorgfältig und gründlich vorauszuplanen, dass ihm zum Schluss die Zeit knapp wird. Und dann wird es echt anstrengend! Gibt es ein Mittel, den inneren und äußeren Zwängen zu entfliehen?

Nachdem wir gestern sozusagen einen „Bund mit der Natur" eingegangen sind und uns verpflichtet haben, sie zu ehren und zu schützen, erhalten wir heute automatisch ein kostbares Geschenk als Gegengabe. Wenn wir nämlich achtsam mit dem Lebendigen umgehen, entsteht unweigerlich eine tiefe Liebe.

Spüre nur mal kurz in Dich hinein: Wie hat es sich angefühlt, die durstigen Blumen zu wässern, die Erde zu lockern, die Früchte vom Baum zu holen? Sich vom Maishaar streicheln zu lassen, die frischen Zwetschgen zu schmecken, den würzigen Kräuterduft zu atmen?

Die dankbare, respektvolle Verbindung zwischen uns und der lebendigen Natur, das gegenseitige Geben und Nehmen lässt sich selbst mit dem schönen Wort Liebe nur unbeholfen umschreiben. Keinesfalls handelt es sich um kitschige Gefühlsduselei!

Sobald wir den ersten Fuß auf die Erde setzten, haben wir als Menschen dank unseres Bewusstseins eine Verantwortung übernommen, aus der wir uns nicht davonstehlen können. Aus dem liebevollen Miteinander erwachsen alle die „Schätze", die unser Leben bereichern.

Mache bitte bis morgen eine gründliche Bestandsaufnahme aller inneren und äußeren „Reichtümer", über die Du verfügen darfst!

Vergiss auch Deine Heilsteine nicht! Du wirst in den nächsten Tagen einen Amethyst und wenigstens einen Achat benötigen. Triff unter der Vielfalt von Achaten (S. 116) eine Auswahl entsprechend Deiner Farbvorlieben und Bedürfnisse! Zieh eine frohe Bilanz!

13. September

Welches ist Dein wichtigster Schatz? Ich bin sicher, Du hast gestern an alles gedacht, was Dein Leben reicher und schöner macht.

Egal, welchen Bereich wir zuerst miteinander betrachten, ein Übergeordnetes haben alle unsere „Besitztümer" gemeinsam: Wir können uns nicht einfach damit ausruhen! Selbst bei den sog. „Inneren Werten" klappt es nur im Fluss eines ständigen Gebens und Nehmens.

Betrachte z.B. den Schatz Deiner Begabungen! Was nützt es, stolz und zufrieden seine Talente aufzuzählen? Nur wenn Du singst, komponierst oder spielst, wirst Du zur Musikerin. Ein tüchtiger Koch ist der, der in der Küche etwas Leckeres zubereitet. Die Eignung zur Altenpflege zeigt sich im geduldigen, liebevollen Umgang auch mit nörglerischen, bedürftigen Menschen, an die sich sonst keiner mehr herantraut.

Überlege bis morgen, wie Du Deine zahlreichen, wundervollen Fähigkeiten zum Ausdruck bringst!

Übrigens, auch die Gesundheit ist eine solche Gabe. Egal wie Du von Geburt an ausgestattet bist, durch Dein stetes Verhalten beeinflusst Du, ob es Deinem Körper HEUTE besser oder schlechter geht als gestern. Nimm aufmerksam wahr, welche Organe besonders gut ausgestattet sind, welche Abläufe reibungslos funktionieren!

Gewiss, Du leidest vielleicht unter momentanen oder sogar dauerhaften Beeinträchtigungen, aber wenn Du Dir Deine Lebens-QUALITÄTEN bewusst machst, wirst Du sehen, wie sehr in jedem Fall das GUTE überwiegt. Konzentriere Dich auf das, was Dir möglich ist! Dieses gilt es zu nützen und zu verbessern. So entsteht Fluss und Bewegung. Nur so entsteht lebendige Freude!
Zeige Deiner Umwelt, WER DU WIRKLICH BIST!!

Ich wünsche Dir einen fröhlichen ausgelassenen Tag!

14. September

Gratuliere, Du brauchst Dich wirklich nicht zu verstecken! Bist Du nicht selber erstaunt über die vielfältigen seelischen Reichtümer und körperlichen Vorzüge, die Du Dein Eigen nennen darfst?!

Doch Vorsicht! Was haben wir gelernt: Dankbarkeit und Liebe erschöpfen sich nicht in der Theorie! Durch DEIN TUN nimmst Du die Gaben in Besitz, die Dir gegeben wurden. Du hast sicher schon gespürt, wie sehr es Dich drängt, konkret zu werden! Was steht an: Wirst Du heute ein Bild malen, einkochen, den Gartenzaun streichen ...?

Während Du aktiv wirst, stellt es sich augenblicklich ein: das Gefühl von Be-FRIED-igung und innerer Freude! Lass Dein Herz dabei sein, beim Abspülen, beim Rasenmähen, und schon wird der scheinbar unbedeutende Handgriff zum strahlenden Kunstwerk!

Auf die gleiche Weise wirst Du Deinen Körper immer mehr lieben lernen, je fürsorglicher Du ihn behandelst. Schenkst Du ihm die Erholungspausen, die er braucht? Bestätigst Du Dir täglich, wie wundervoll Du geschaffen bist, wie leistungsfähig, wie schnell, wie beweglich? Erkennst Du vor dem Spiegel, wie schön Du bist, jedes klitzekleine Teil an Dir?

Spüre, wie die Liebe zu fließen beginnt, wenn Du endlich aufhörst, zu kritisieren und herumzumäkeln!
Nimm Dich selbst in Deine Arme! SO WIE DU BIST, BIST DU GENAU RICHTIG!!!! Dies ist Dein größter Reichtum, Dein wahrer Schatz!

Betrachte heute beim Spazierengehen die abgeernteten Getreidefelder! Welch ein Reichtum an winzigen Körnern, welche Nahrungsfülle auf kleinstem Raum ist hier zusammengekommen!

Lass Dir heute Dein Brot auf ganz besondere Weise schmecken!

15. September

Wie ergeht es Dir beim Anblick der leeren Felder? Unübersehbar liegt eine herbstliche Stimmung in der Luft, zumal die Nächte derart abkühlen und der Morgen voller Nebelschwaden hängt.

Jetzt ist es wichtig, die Sommerfreuden zu speichern und zu bewahren, die warmen Stunden herauszufiltern, kurzum das BESTE daraus zu machen!

Wie immer heißt das Zauberwort DANKBARKEIT. Je mehr wir unsere Sinne für den kostbaren Moment des Augenblickes öffnen, desto reicher werden wir uns fühlen. Selbst wenn Du Neues anstrebst, wenn Du mitten in der Veränderung steckst, gilt es das Alte und Bestehende zu würdigen. Ohne die Grundlage der Gegenwart wirst Du nichts anderes erhalten. So wie der Halm aus einem Getreidekorn wächst und „hundertfach Frucht trägt", entsteht Deine Zukunft aus der Wurzel des heutigen Tages.

Wenn Du Dir heute Dein Brot schmecken lässt, verbinde Dich mit den Getreidepflanzen des Feldes und mit den vielen Menschen, die bei der Ernte und der Zubereitung dieser köstlichen Gabe beteiligt waren! Wie viel an Harmonie aus natürlichen Gegebenheiten und menschlicher Arbeit sind in dieser einen Scheibe Brot gespeichert!

Und doch ist dieser Prozess nicht einmal der Bruchteil der Abläufe, die „ganz von selbst" in Deinem Körper geschehen. Was wird da alles hergestellt, verarbeitet, transportiert und gesteuert, ohne Dein Zutun! Nütze die Gabe Deines Bewusstseins, dieses Wunderwerk nicht zu stören, sondern gesund zu erhalten, indem Du der Natur so nahe wie irgend möglich bleibst!

Höre heute auf die Information der Getreideessenz Dinkel:

Ich nehme mir genügend Zeit für mich selbst.
Ich lerne mich und meine Bedürfnisse besser kennen
und gebe meinem Körper, meinem Geist und meiner Seele,
was ich wirklich brauche.

Erfreue Dich an Deinem Dasein!

16. September

Vielleicht schmeckt Dir Dein Brot inzwischen noch besser als sonst. Genieße das wunderbare sinnenhafte Erlebnis des Kauens und Schluckens, gönne Deiner Nase die Möglichkeit, alle sich entfaltenden Aromen aufzunehmen, schenke Deinem Kopf die Schönheit der inneren Bilder, die sich mit diesem köstlichen Bissen verbinden!

Nimm Dir Zeit für Dein Mahl und mach Dir bewusst, wie viele Schritte dieses eine Brot von der Aussaat bis zu Deinem Teller durchlaufen hat. Wie vielen Wetterwechseln war es ausgesetzt, wie vielen Menschen ist es begegnet, mit wie vielen Hoffnungen war es gesegnet!

Beobachte heute ganz genau, wann der köstliche Punkt des Gesättigtseins erreicht ist! Spüre genau nach! Wie fühlt es sich an? Sicher, Du könntest noch einiges mehr „verdrücken", vielleicht hast Du noch Appetit auf etwas anderes.

Aber STOPP: Du bist satt! Lass es für dieses eine Mal GENUG SEIN!
Schließe die Augen und spüre in Deinem Körper aufmerksam nach! Schenke jedem Deiner Organe einen liebevollen Blick! Stelle Dir vor, wie alle die nährenden Stoffe, Vitamine und Mineralien durch Deinen Körper wandern und jeder Zelle das liefern, was gerade benötigt wird! Beobachte, wie GESUNDHEIT durch Deinen Organismus strömt und Dich ausfüllt mit Wohlbehagen, Frische und Kraft!

Da ist kein Platz für anderes, für Schmerzen und Leere! Bedenke, dass Krankheit Raum für sich beanspruchen möchte! Begreife, dass Süchte sich einnisten, weil Du im wahrsten Sinn des Wortes „ausgehungert" bist!
Heute darfst Du Dich in der Fülle, in der Ausgefülltheit Deines Seins erfahren!

Genieße dieses wunderbare warme Gefühl der Sättigung!

17. September

Konntest Du Deinen „Bären"-Hunger stillen? Sicher hast Du schon länger bemerkt, wie wohltuend und heilend sich die Position des Braunbären auf Dein Allgemeinbefinden auswirkt.

Die Vernunft und instinktive Einsicht des Bären, was gesundheitlichen Aspekte betrifft, im Verein mit der natürlichen Vielfalt von erntefrischen Erzeugnissen verhilft uns zu klaren Entscheidungen: Was benötige ich HEUTE zum Frühstück? Wie reinige ich meinen Körper auf sanfte, aber nachhaltige Weise? Welche Frucht oder Gemüsesorte, welche Kräuter und Gewürze wähle ich, um kleinere Befindlichkeitsstörungen rasch zu beheben?
Auch dieses Urteilsvermögen zählt zu Deinem inneren Reichtum!

Bestimmt hast Du mit dem gleichen „intuitiven Wissen" Deine Auswahl getroffen, von welchen Heilsteinen Du Dich zurzeit begleiten lassen möchtest.

Betrachten wir zunächst den Amethysten wenn möglich aus nächster Nähe! Ist Dein Stein glatt poliert und liegt schmeichlerisch in Deiner Hand, weil Dich die violette Farbe und die weißen Äderungen besonders angesprochen haben? Oder hat es Dir eine Druse angetan mit ihrer Vielzahl an aufragenden kleinen Spitzen, sodass Du darüberstreichen möchtest wie über den Rücken eines lilagefärbten Igels?

Der Amethyst schärft Dein Urteilsvermögen und schenkt Dir einen klaren Kopf. So kannst Du besser die Ruhe bewahren, sanft schlafen und bist gegen jede Art von Stress bestens gewappnet.
Probiere es heute aus und beobachte, wie wohltuend sich dieser Stein auf die ganze Familie auswirkt!

Ich wünsche Dir ein reiches Maß an Gelassenheit und Selbstvertrauen!

18. September

Hast Du bereits spüren dürfen, wie das sanfte Violett des Amethysten Dein Gegenwartsbewusstsein verstärkt? Aufgrund seiner Farbe entfaltet er über das Scheitelchakra seine Kraft und vermehrt unsere Intuition. Du lernst, dem Leben in all seinen Facetten immer besser zu vertrauen und Dich dem natürlichen Fluss des Seins hinzugeben. Alles ist GUT SO, WIE ES IST. Falls Dir jemals wieder Zweifel kommen sollten, wenn Du über Deinen Reichtum und die Gaben nachdenkst, die Dir zur Verfügung stehen, sagt Dir der Amethyst: Alles, was Du für Dich und andere brauchst, IST BEREITS DA!

Du bist arm?
Vergleiche Deine „Schätze" mit dem, was andere, mehr benachteiligte Menschen besitzen! Und dann sei dankbar in diesem einen Augenblick!
Du bist krank?
Beobachte alle Teile des Körpers, die gut funktionieren! Und dann sei dankbar in diesem einen Augenblick!
Du bist behindert oder eingeschränkt und hast deshalb anderen nichts zu geben?
Sieh den Menschen ins Auge, die Dich besuchen oder pflegen! Höre die Stimme derer, die Dich anrufen! Denke voller Liebe an all die vielen, die genau wie Du einsam oder bedürftig sind und Deine stille Zuwendung benötigen! Und dann sei dankbar in diesem einen Augenblick!

Nimm nun bitte als nächsten Heilstein einen Achat zur Hand oder wähle Dir auf Seite 93 die Sorte aus, die Dir am allerbesten gefällt! Betrachte je nach Farbe das zugehörige Kinderbild im Anhang 1! Grüne und rosa Achate gehören zur vierten Station, blaue zum fünften Chakra. Zum Blut - oder Fleischachat gehört das erste, alternativ das zweite Bild. Für Streifen- und Aprikosenachate wählst Du die zweite Chakrastation. Bei einem bunten oder einem weißen Achat hast Du freie Auswahl.

Genieße das Leben in seiner ganzen Fülle!

19. September

Bist Du nicht auch erstaunt, wie vielfältig sich die Achate in der Natur präsentieren?! Sicher hast Du Dir einen Stein auswählen können, der besonders gut zu Dir passt.

Betrachte eine Weile das von Dir ausgesuchte Kinderbild! Lege Deinen Achat auf das zugehörige Energiefeld Deines Körpers und spüre, wie die heilende, tröstende Wirkung des Steines in Dich eindringt und mit seiner Farbe Dein Chakra durchleuchtet!

Falls Dich alle sieben Kinderbilder so traurig gestimmt haben, dass Du Dich für keinen der Achate so richtig entscheiden konntest, wähle bitte den Turitella - Achat!
Die winzigen schneckenförmigen Muster vermögen uns tief in die Vergangenheit zurückzuführen. Hole Dir als weitere Unterstützung einen Bergkristall oder Rosenquarz! Lege die Steine auf Dein Herz und bedecke sie mit beiden Händen! Lass Dich zurückbegleiten in Deine Vergangenheit, begegne den alten Bildern, die aufsteigen, und spüre, wie sich die schmerzhaften Blockaden zu lösen beginnen!

Für welchen Stein auch immer Du Dich entschieden hast, trage ihn die nächsten Tage bei Dir und genieße seine ausgleichende, entspannende Wirkung! Er schenkt Dir mehr Lebensfreude, stärkt Deine Selbstliebe und öffnet Deinen Blick für die Gemeinschaft. Ist es nicht wunderschön, sich zugehörig zu fühlen? Du bist am richtigen Platz!

Vergleiche heute jeden Menschen, der Dir begegnet, im Stillen mit einem der hübschen Achate, die Du betrachtet hast! So manch einer, der Dich sonst auf die Palme treibt, wird Dich nun ein wenig zum Schmunzeln bringen!

Einen Tag voll heiterer Gelassenheit bis morgen!

20. September

Spüre den Stein in Deiner Hand, sieh die vielen Menschen an Deiner Seite! Ist es nicht geradezu überwältigend, in welcher Fülle wir leben dürfen?!

Wenn Du heute Dein Leben betrachtest, wie es sich Dir zeigt, kannst Du da Deinen Reichtum erkennen? Hast Du das Gefühl, überzuquellen vor lauter Gaben und Geschenken, oder regt sich noch immer in Dir ein nagendes Gefühl des Mangels?

Du allein befindest darüber, ob Du Dich reich oder arm wähnst! Wir haben es doch erlebt: im Gefühl der Sättigung, der Zu-FRIEDEN-heit ist genug da, für uns alle. Solange uns Hunger und Gier umtreiben, scheint es einfach nicht für uns alle zu REICH-en. Die Frage lautet also nicht: Habe ich genügend Geld, genügend Besitz? Denn wo sollten wir den Maßstab ansetzen, dass es wirklich genug ist, für mich, für meine Familie, für die ganze Welt? Wann ist aus-REICH-end für alle da, so dass ich mir kein schlechtes Gewissen machen muss und endlich alle Sorgen loslassen kann?

Betrachte den Stein in Deiner Hand, spüre seine Festigkeit, seine Wärme, seine Beständigkeit in einer für uns Menschen schier unermesslichen Zeitspanne!
Es geht nicht wirklich um Mengen und Größen. Es geht vielmehr um das Gefühl von Bestand und Sicherheit. Doch wer sollte uns Garantien geben, welche Ver-SICHER-ung könnte uns die Ängste vor dem morgigen Tag tatsächlich wegzaubern?

Du findest die Antworten und damit die Sicherheit Deines Daseins einzig und allein in Dir selbst im Moment des jetzigen Augenblickes. Doch bist Du nicht der Geber, sondern der <u>Empfänger</u> dieses klaren Bewusstseins, DASS FÜR DICH UND ALLES GUT GESORGT IST.

Öffne Dich Deiner inneren Weisheit, und es ist genug da, für Dich und alle anderen auch. Diese spirituelle Wahrheit ist Dein einziger wirklicher Reichtum.

Wenn Du Dich tatsächlich reich FÜHLST, wirst Du im selben Augenblick die Hände öffnen wollen.

Überlege bis morgen, wie, wann und mit wem es Dich drängt, Deinen Besitz zu teilen!

Ich wünsche Dir das aufregende Erlebnis des Empfangens und Weitergebens!

21. September

Du hast Dich also ganz bewusst auf das Abenteuer des Teilens eingelassen. Hat es sich gut und stimmig für Dich angefühlt oder melden sich bereits die ersten Zweifel? Schließlich wollen wir ja nicht zu kurz kommen!

So sind wir also wieder einmal bei dem Thema angelangt, das uns tagtäglich bewegt: wie viel geben – wie viel nehmen?

Es geht schlichtweg um Ge-RECHT-igkeit.

Die Menschen haben bereits in alten Zeiten eine scheinbar passende Lösung gefunden: durch die Erfindung des Geldes, das den Austausch untereinander erleichtern sollte.

Was in der Natur und am Medizinrad „ganz von allein" und unmittelbar funktionierte, umgeht der Mensch mit seiner Verstandesschläue, indem er Reichtum in so großer Menge anhäuft, wie es ihm beliebt und irgendwie möglich ist. Dass die gehorteten „Früchte" automatisch an anderer Stelle fehlen, kümmert den „Besitzer" wenig. So entsteht ein schmerzliches Ungleichgewicht zwischen den Vermögenden und den Zukurzgekommenen.

Wieso tun wir nichts dagegen?

Der Verzicht auf Geld entfernt uns rasch aus jeglicher gesellschaftlicher „Normalität". Einzelne versuchen es und fühlen sich wohl dabei. Tauschbörsen sind erste Schritte, um das Neue zu probieren, ohne gleich alles „auf eine Karte" zu setzen.

Wo ist der erste Punkt für Dich und mich, um anzusetzen? Betrachte die Position des Braunbären! Hier herrscht die absolute Fülle! Sie entsteht durch das Annehmen der natürlichen Gegebenheiten, durch das Zusammenspiel der Wesenheiten. Fülle erhält ihren eigentlichen Sinn durch das Loslassen, die Weitergabe der Früchte, die letztendlich wiederum dem Erhalt der eigenen Art dienen. Geben und Nehmen hält sich die Waage.

Uns interessiert der Punkt dazwischen: der Reichtum selber, der durch die beiden Faktoren „Geben – Nehmen" entsteht. Ohne das Erhalten oder die Weitergabe des Empfangenen können wir von Fülle nicht sprechen! In dem Moment, wo wir uns der eigenen Fülle bewusst werden, entsteht GERECHTIGKEIT, d.h. die Erkenntnis, dass wir nur alle GEMEINSAM REICH sein können.

Betrachte heute die riesigen, Schatten spendenden Eschen! Notiere Dir ihre Botschaft an uns Menschen:
Tapfer und gelassen treffe ich gerechte Entscheidungen.
So schaffe ich tragfähige, verlässliche Beziehungen,
die von Liebe und gegenseitiger Achtung geprägt sind.

Einen erkenntnis-REICHEN Tag bis morgen!

22. September

Bist Du gestern bereits an einer der vielen Eschen vorbeigekommen? Oft sind sie vollbepackt mit ihren geflügelten Samen, doch in manchen Jahren lassen sich zwischen dem reichlichen Blattwerk nur die typischen schwarzen Knospen entdecken. Den mächtigen Bäumen tut dies keinen Abbruch.

Du brauchst Deinen Wert nicht nach dem derzeitigen Kontostand, nicht nach Glanz und Erfolg zu bemessen. Die Fülle des Braunbären misst sich am Grad Deiner eigenen Zufriedenheit und dem unverbrüchlichen Wissen, heute in Sicherheit zu sein!

Dann stellen sich die Erntegaben zu Deiner und zur Freude aller ganz von selbst ein, zum passenden, von der universalen Kraft festgelegten Zeitpunkt.

Ergötzen wir uns zum Schluss der Braunbär-Position an den überquellenden Obstbäumen!
Welche Fruchtsorten magst Du besonders gern? Welche gibt es heuer im Übermaß? Welche wirst Du für den langen Winter konservieren?

Als Zusammenfassung für den Mond der Ernte finde ich den Mirabellenbaum besonders passend. Erinnere Dich an seine zahlreichen hübschen Frühlingsblüten, bestaune die Vielzahl seiner Früchte!

Gelbe Mirabellen und bläuliche Pflaumen läuten im Spätsommer lächelnd den Herbst ein. Bei den Bach-Blüten sind sie durch die Kirschpflaume (=Cherry Plum) vertreten. Ihre Botschaft erzählt knapp und bündig, was wir in den vergangenen vier Wochen lernen durften:
An diesem sicheren Ort erfahre ich Gelassenheit und innere Ruhe.
Ich lerne, meinem Höheren Selbst zu vertrauen,
meine Gefühle freundlich anzunehmen,
und finde zu der mir eigenen Stärke.

Ich wünsche Dir einen sanften Übergang zur nächsten Medizinrad-Position!

Ausblick

Das Ende des Sommers ist erreicht. Die Tage werden spürbar kürzer, die Nächte schon kühler. Es schleicht sich eine gewisse Wehmut ein, so als ob das Beste zu Ende ginge.

Dennoch werden besonders „Braunbär-Menschen", die im Übergang vom Sommer zum Herbst geboren sind, also etwa ab dem 20. September, dem nächsten Medizinradzeichen mit Spannung entgegensehen. Das ist ganz natürlich, denn Ihr steht schon mit einem Fuß in dieser neuen Energie. Wahrscheinlich wisst Ihr es schon: Es handelt sich um das Zeichen Rabe.

Wir haben uns in den vergangenen Wochen so viel mit unseren Gefühlen, mit anderen Menschen, mit dem Gelingen unserer Beziehungen beschäftigt, dass sich die Frage nach dem Sinn des Ganzen unweigerlich in den Vordergrund drängt. Wir wollen nicht mehr nur singen und tanzen, wir wollen „begreifen"!

Lassen wir uns ein letztes Mal von Shawnodese, dem Hüter des Südens, liebevoll an die Hand nehmen und mit der großen Gemeinschaft allen Seins verbinden. Üben wir uns im gegenseitigen Wachsen, im Vertrauen auf das GUTE! Genießen wir die erheiternde Freude des Gebens und Nehmens!

**Ganz eingebunden in die allumfassende Liebe
des Lebens und Seins
erfahren wir Heilung für uns und unsere Beziehungen.
So erschließt sich
der Sinn unseres Daseins.**

Danke für den gemeinsamen Tanz mit Euch!
Es ist immer wieder schön!!

Anhang 1: Die Chakren-Stationen

1.Station: Das Wurzelchakra   Farbe ROT

Das Kind in dieser Station möchte sich verwurzelt fühlen.
Sein tiefster Wunsch ist: **Ich bin eins mit allem.**
Das befreit von angstbesetztem Geiz,
schafft Ordnung und Großzügigkeit.

In dieser Station nimmt das kleine Kind
zum ersten Mal
bewusst seine Außenwelt wahr.
Zugleich vorsichtig und tapfer
begutachtet es die neuen Eindrücke
und genießt erste Kontaktaufnahmen.
Sein Streben heißt:

Ich sehe dich und achte dich.

Hier nimmt sich das kleine Kind
endlich bewusst selbst wahr.
Es entdeckt seine eigene Kraft,
seinen eigenen Willen.
Sein tiefer Wunsch lautet:

**Ich bin ich
und bestimme selbst.**

4. Station: Das Herzchakra Farbe GRÜN und ROSA

Diese Station schafft den Ausgleich
zwischen den irdischen
und geistigen Bedürfnissen.
Das Kind erlebt die Macht
der Liebe und der Vergebung.
Es lernt, was Uneigennützigkeit bedeutet.
Seine ganze Sehnsucht lautet:

**Ich tauche ein
in die göttliche Liebe.**

Das Kind gelingt zu seiner inneren Weisheit.
Es entdeckt die Qualität des Glaubens
und findet zugleich Zugang
zu seiner persönlichen Autorität.
Getragen von Selbsterkenntnis,
kann es den göttlichen Willen annehmen
und nach außen tragen,
z.B. ungehindert sprechen.
Sein Bestreben heißt nun:

Ich bin frei, mich und meine Gaben zu zeigen.

Das Kind gelangt zu seiner inneren Wahrheit.
Es findet gleichzeitigen Zugang
zu intellektuellen Fähigkeiten und zur Inspiration.
Hier erkennt es seine eigentliche Berufung.
Sein Bestreben heißt nun:

**Ich werde bewusst und lerne
Wahrheit von der Illusion zu trennen.**

Unser inneres Kind
gelangt zur Stufe des spirituellen Erwachens.
Es erlebt völlige Verbundenheit mit allem Sein
und verwirklicht sich
in echter Hingabe.
Sein einziger Wunsch lautet:

Ich erlebe die Glückseligkeit des jetzigen Augenblickes.

Anhang 2: Die Chakren-Entsprechungen

Zu jeder Chakrastation findest Du Empfehlungen zu passenden Aura Soma - Balanceflaschen, Heilsteinen und Düften

Erste Station: vorwiegend Rot

Aura Soma:
Nr. 5 gelb über rot
Nr. 6 rot über rot
Nr. 55 klar über rot

Heilsteine:
Blutachat (auch 2.)
Flintstein (auch 3. u. 6.)
Granat (auch 2.)
Hämatit
roter Jaspis (auch 2.)
rote Koralle
Mookait
Rosenquarz (auch 4.)
Rubin (auch 4.)
schwarzer Turmalin (auch 6. u. 7.)

Düfte:
Jasmin
Lemongrass (auch 3.)
Linaloeholz
Myrrhe
Olibanum=Weihrauch (besonders 7.)
Patchouli

Rosengeranie (auch 4.)
Rosenholz
Sandelholz (auch 2., besonders 7.)
Verbena (auch 6.) Bitte nicht in der Schwangerschaft und bei Epilepsie!
Vetiver
Ylang-Ylang (auch 2. u. 7.)
Zitrone (auch 3.)
Zypresse (auch 3.) Bitte nicht in der Schwangerschaft verwenden!

<u>Zweite Station: vorwiegend Orange</u>

Aura Soma:
Nr. 26 orange über orange

Heilsteine:
Aprikosenachat
Bernstein (auch 1. u. 3.)
Carneol (auch 1.)
Fleischachat (auch 1.)
Gold
Goldfluss
Hyazinth=Zirkon
roter Jaspis (auch 1.)
Katzenauge (auch 1.)
Mondstein (auch 5. u. 6.)
Naturcitrin
Orangencalcit (auch 3.)
Sarder
Sonnenstein (auch 3.)

Düfte:
Bergamotte (auch 3.)
Cistrose Bitte nicht in der Schwangerschaft anwenden
Ho-Blätter
Sandelholz (auch 1. u. 7.)
Neroli (auch 4.)
Rosengeranie (auch 3. u. 4.)
Tonka
Tuberose
Ylang-Ylang

Dritte Station: vorwiegend Gelb

Aura Soma:
Nr.4 gelb über gold
Nr.14 klar über gold

Heilsteine:
Bernstein (auch 1. u. 2.)
Breckzienjaspis
Citrin (auch 1. u. 2.)
Citrinocalcit
gelber Fluorit
Girasol=Hyolith
Gold (auch 2.)
gelber Goldtopas
gelbe Jade
Landschaftsjaspis
Orangencalcit (auch 2.)
Pyritsonne
Rutilquarz (auch 5.)
Schwefel
Septarien
Tigerauge
Tigereisen (auch 1.)

Düfte:
Bergamotte (auch 2.)
Fenchel Bitte nicht in der Schwangerschaft und bei Epilepsie!
Grapefruit
Immortelle
Karottensamen (auch 4.)
Lavendel (auch 7.)
Lemongrass (auch 1.)

Mandarine
Mimose
Muskatellersalbei
Neroli (auch 2. u. 4.)
Rosmarin (auch 5. u. 6.)
Wacholder (auch 4.) Bitte nicht in der Schwangerschaft!
Zeder (auch 4.) Bitte nicht in der Schwangerschaft!
Zitrone (auch 1.)

Vierte Station: vorwiegend Grün und Rosa

Aura Soma:
Nr. 3 blau über grün
Nr. 10 grün über grün
Nr. 13 klar über grün
 Nr. 43 türkis über türkis (zwischen 4. u. 5.)
Nr. 86 klar über türkis (zwischen 4. u. 5.)

Heilsteine:
Amazonit (zwischen 4. u. 5.)
Aquamarin
Aventurin
Chrysopras
Hiddenit
Jade
Kunzit
Malachit
Moosachat
Moosopal (auch 6.)
Morganit
Nephrit
Olivin=Peridot
Prasem
Rhodochrosit (auch 3. 2. 1.)
Rhodonit (auch 2.)
Rosenquarz
Silberauge
Smaragd
Türkis (zwischen 4. u. 5.)
grüner Turmalin
rosa Turmalin
Unakit
Verdit

Düfte:
Geranie (auch 2. u. 3.)
Jasmin (auch 2. u. 7.)
Latschenkiefer
Melisse (auch 3.)
Neroli (auch 2. u. 3.)
Rose (auch 1. u. Juli)
Wacholder (auch 3.) Bitte nicht in der Schwangerschaft!

<u>**Fünfte Station: vorwiegend Hellblau**</u>

Aura Soma:
Nr.2 blau über blau und Nr.12 klar über blau

Heilsteine:
Amazonit (zwischen 4. u. 5.)
blauer Andenopal
Apatit (auch 4.)
Aquamarin
Blauquarz=blauer Aventurin (auch 6.)
blauer Calcit (auch 6.)
Chalcedon
Chrysokoll (auch 4. u. 6.)
Coelestin=Aqua Aura
Dumortierit (auch 6.)
Lapislazuli (auch 6.)
Larimar
Rutilquarz (auch 3.)
Saphir (auch 6. u. 7.)
Sardonyx (auch 1. u. 6.)
blauer Topas
Türkis (zwischen 4. u. 5.)

Düfte:
Cajeput
Iris (zwischen 4. u. 5.)
Kamille blau und Kamille römisch
Ravensara
Salbei
Sandelholz (auch 2.)
Ylang-Ylang (auch 2.)
Ysop

Sechste Station: vorwiegend Farbe Indigo

Aura Soma:
Nr.1 blau über tiefmagenta

Heilsteine:
Azurit (auch 7.)
Azurit-Malachit (auch 4.)
Falkenauge (auch 5.)
Fluorit (auch 3.)
Gold (auch 7.)
lila Golfluss
Iolith (auch 5.)
Lapislazuli (auch 5.)
blauer Saphir (auch 5. u. 7.)
Sodalith (auch 5.)
Tansanit
Turmalinquarz

Düfte:
Elemi
Immortelle (unterstützt rechte Hirnhälfte)
Limette
Minze piperita=Nanaminze
Thymian (unterstützt linke Hirnhälfte)
Verbena (auch 1.) Bitte nicht in der Schwangerschaft!
Wacholder (Hellsehen) Bitte nicht in der Schwangerschaft!

Siebte Station: vorwiegend Violett und Weiß

Aura Soma :
Nr.1 blau über tiefmagenta
Nr.16 violett über violett
Nr. 15 klar über violett
Nr. 0 königsblau über tiefmagenta (8. Chakra)

Heilsteine:
dunkelvioletter Amethyst
Ametrin (auch 1.) Nur für Meditationsgeübte!
Azurit (auch 6.)
Bergkristall
Blue-Moon
Charoit
Diamant
violetter Fluorit
Gold
Goldtopas
Granat (auch 1.)
Magnetit
Rauchquarz
Rubin (auch 1.)
Saphir (auch 6.)
Sugilith (auch 6.)
schwarzer Turmalin=Schörl

Düfte:
Angelika (zusammen mit Heilstein Hiddenit 8. Chakra)
Lavendel (auch 3.)
Mandarine (zusammen mit Heilstein Goldtopas)
Myrte
Olibanum=Weihrauch
Rose (auch 1. u. 4.)
Sandelholz (auch 1. u. 2.) sowie Veilchenblätter

Verzeichnis aller erwähnten Pflanzen von A bis Z

Verzeichnis aller erwähnten Steine von A bis Z

Literaturhinweise

Albrodt Dirk Hrsg.: Illustrierte Enzyklopädie der Blütenessenzen, Bände 1, 2, 3 Edition Tirta, Reise Know-How, Peter Rump Verlag Bielefeld

Arminger Margret: Das innere Kind, Wilhelm Heyne Verlag 2000

Choquette Sonia: Chakra Balancing, Verlag Hermann Bauer 2000

Die große Enzyklopädie der Heilpflanzen
Neuer Kaiserverlag Klagenfurt, 1994

Edition Methusalem: Das große Lexikon der Heilsteine, Düfte und Kräuter, Methusalem Verlags - GmbH, Neu-Ulm

Hellinger Bert: Ordnungen der Liebe, Carl-Auer-Systeme Verlag 2000

Jakubowicz Dan: Genuss und Nachhaltigkeit,
Promedia Verlag Wien 2002

Lackner Ferry: Das Licht der Engel, Windpferd Verlag 1998

Liedloff Jean: Auf der Suche nach dem verlorenen Glück,
Verlag C. H. Beck 1995

Myss Caroline: Chakren - Die sieben Zentren von Kraft und Heilung, Droemersche Verlagsanstalt Th. Knaur Nachfolge München 2000

Schneider Regine: Entdecken, was wirklich zählt,
Fischer Taschenbuch Verlag 2000

Siems Martin: Souling - Mehr Liebe und Gerechtigkeit,
Rowohlth 1997

Sun Bear & Wabun Wind: Das Medizinrad,
Goldmann Verlag, Arkana 1997

Sun Bear, Wabun Wind, Crysalis Mulligan: Das Medizinrad Praxisbuch,
Goldmann Verlag, Arkana 1997

Tolle Eckhart: Jetzt! Die Kraft der Gegenwart,
J. Kamphausen-Verlag & Distribution GmbH Bielefeld 2000

Ulsamer Bertold: Das Handwerk des Familienstellens,
Wilhelm Goldmann Verlag München 2001

Warneck Igor: Ruf der Runen, Schirner Verlag 2001

<u>**Bücher von Rita Kasparek, erschienen beim BoD Verlag**</u>

Reihe: Das Medizinrad als Schlüssel zum Glück

Teil 1 Innenschau ISBN 9-783753-405391
Gesamtüberblick, die wichtigsten Grundkräfte, vier Geistige Führer, vier Wege zum Zentrum

Teil 2 Die Gabe des Winters ISBN 9-783753-420837
Hauptthema Körper, Finanzen, Beruf
22. Dezember bis 19. Januar

Teil 3 Der Zauber des Frühlings ISBN 9-783753-439044
Hauptthema Geist, Ziele, Neuanfang
21. März bis 20. Juni

Teil 4 Die Melodie des Sommers ISBN 9-783753-477183
Hauptthema Gefühle, Beziehungen
21. Juni bis 23. Oktober

Teil 5 Die Farben des Herbstes
Hauptthema Lebenssinn, Seele, Spiritualität
23. September bis 21. Dezember

Teil 6 Die vier Wege zur Mitte
Übungsbuch mit Jahresüberblick anhand der vier heilenden Wege nach Innen: Aktivierung von Herzenswünschen bei den Positionen der Wintersonnwende, Sommersonnwende, Frühlings- und Herbst-Tagundnachtgleiche.

Teil 7 Die Quadratur des Kreises
Übersichtliche Darstellung der Zusammenhänge am Medizinrad: Sich selbst und die anderen besser verstehen lernen; Hilfsmittel für systemische Darstellungen.

Teil 8 Gutes für Körper, Geist, Herz und Seele
Begegnung mit Medizinradpflanzen, die uns ansprechen und zugleich
in irgendeiner Weise körperlich wohltun, sei es die Schönheit der Blüte, der Wohlgeschmack von Obst, Gemüsen, Kräutern, die Wirkung von
Tees oder die Besonderheit von Düften.
Interessant wird es, wenn wir uns dabei auch auf Widerstände einlassen, seien es Unverträglichkeiten, Allergien oder Abneigungen.

Reihe: Lachen und Weinen mit Marlene
Der ganz gewöhnliche Alltag einer Medizinrad-Lehrerin

Band 1: ISBN 978-3-7392-1437-5
Ausschnaufffen im Altweibersommer - Marlenes Seelen-Bratgeber

Band 2: ISBN 978-3-8693-7238-9
Abschied ist das Allerletzte - Marlenes Trauer-Bratgeber

Band 3: ISBN: 978-3-7481-4837-1
Glücklich in jeder Beziehung - Marlenes Kuschel-Bratgeber

Dank

Mein herzlicher Dank gilt der wohlmeinenden geistigen Führung durch Sun Bear und die höheren Mächte, ohne die ein solches Buch nicht entstehen kann.

Danke auch an die vielen treuen Begleiter/innen, die mich durch ihre liebevollen Energien am Medizinrad immer wieder neue Erfahrungen machen ließen, oder in irgendeiner Weise an Text und Bild mitgewirkt haben.

Kontakt zur Autorin

Rita Kasparek, Jahrgang 1950, ist Montessoripädagogin und leitet eine kleine Selbsthilfestelle. Ihre Spezialgebiete sind das indianische Medizinrad, die fgh-Methode zur Selbsthilfe und Selbstheilung, Bachblüten, ZASMI-Seelenmassage fürs „innere Kind" und Alltagskomik.

Wer neugierig geworden ist und gerne selber mal im Kreis von Gleichgesinnten das Medizinrad aus der Nähe erleben möchte, kann sich über die regelmäßigen Veranstaltungen der Selbsthilfestelle P-Angelis informieren unter www.p-angelis.blogspot.com
Unter E-Mail-Adresse kasparek.r@gmx.de kannst Du mit der Autorin persönlich Kontakt aufnehmen.